art workshop

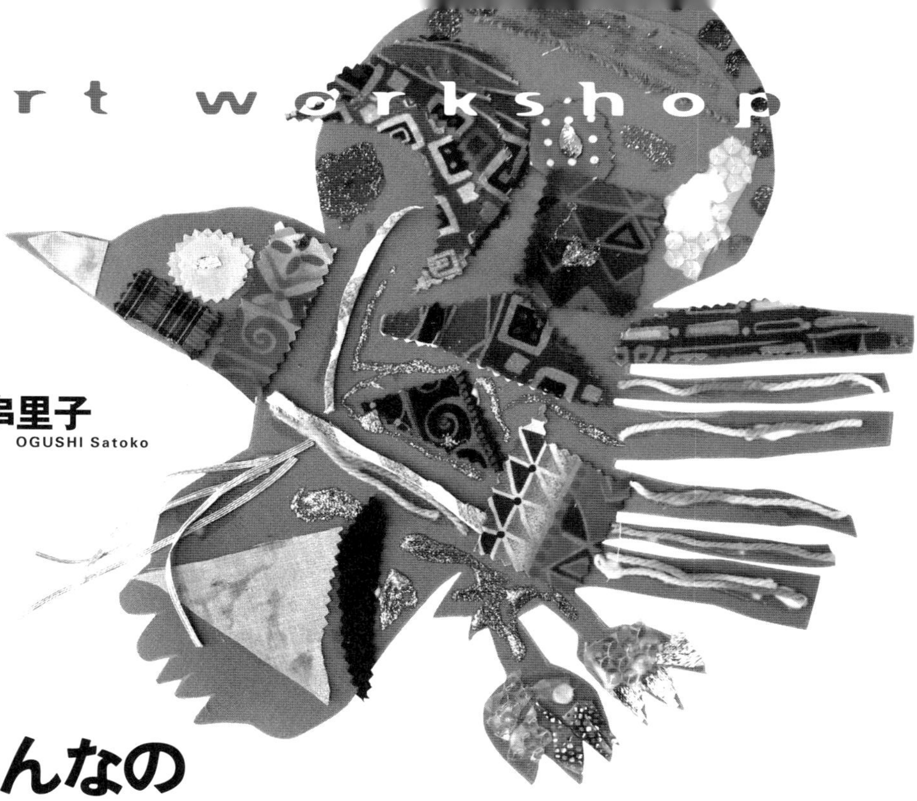

小串里子
OGUSHI Satoko

みんなの
アートワークショップ

子どもの造形からアートへ

武蔵野美術大学出版局

目 次

造本・装幀:

工藤強勝+渡部周[デザイン実験室]

保育園児の造形活動を企画・支援して

2003年頃から、大宮つぼみ保育園・もとの木保育園（社会福祉法人つぼみ会）の年長グループの造形教室を企画し実践してきました。子どもの描画発達を研究課題とし、また教えてきた経験を生かし、子どもの自己創出としての表現活動を支援して楽しいアートを実現したいと思いました。

造形教室は、二つの保育園の年長組を対象に「もとの木保育園」の広間で行います。約24名の子どもたちが参加し、指導スタッフと各クラス担当の保育士さんが1名ずつ、子どもの身辺の世話や指導スタッフのアシスタントとして参加し、子どもといっしょに同じ制作活動をすることもあります。園長、副園長、保育主任や職員のかたも毎回の造形指導のアシスタントとして参加されます。造形教室の当日は、題材によって異なる室内の設定があり、多くの材料用具の事前準備が必要です。また、後片づけや掃除、制作物の管理にも多くの人手が必要で、大勢の保育士さんたちが、子どもたちのお昼寝時間に手伝ってくれます。

こうした、保育園が一体となった取り組みのなかで、子どもたちは創作の楽しさを知り、大人たちは子どもたちの溢れる表現力に驚き、魅了されます。同時に、多くの保育園で通常行っている手仕事的なもの作りとは違った、子どもの想像力溢れる造形に出会うことにもなります。

作品展とアートトリエンナーレへの参加

造形教室の積み重ねの結果、2009年には氷川の杜文化館で子どもたちの作品展「みんなのアートワークショップ展」を開くことができました。2006年には越後妻有アートトリエンナーレに『ピュアランドの夏祭り』のワークショップ〈里山の風になって〉として参加し、子どもたちの作品も現代アート作品に加わり、トリエンナーレ会場を飾りました。

また、保育園では陶芸用の電気炉を購入して乾燥棚のある作業小屋を新設し、子どもたちや保育園スタッフの作品の素焼きや本焼き、幼児用の食器作りなどが主体的に行われています。

子どもの造形教室とアートの発信

子どものための造形教室

表現する力を引き出そう

子どもが、それぞれその発達期に「自分なりの表現」を発見する喜びを感じることが大切です。大人が安易に出来合いのプログラムを与え、教えては本当の子どものアートは生まれません。アートとは技法や知的発達のレベルを超えた、もっと本質的な独自な表現であると捉えています。

保育園の特別プログラムとしての造形教室では、子どもの「自ら表現する力」を引き出す場を提供することに徹して造形活動を行いました。2時間あまり積極的に楽しく表現活動をしたあと、子どもたちの様子が確かに違う、自信とやる気に満ちて、能力そのものがアップしたように感ずることが、しばしばありました。

企画者の心構え

そのためにはユニークな発想で課題を考え、実行する企画者のパワーも必要です。予期せぬ結果に出会いたいという思いで、毎回わくわくしながら続けることができました。たとえば、

* まず表現行為の手がかりとなる課題や材料を提示して活動を始めてみる。
* どうなるか、ある程度は予想するが結果やまとめを急がない。
* あらかじめ想定して準備していた次の段階で使う予定の材料や方法を、臨機応変にその場の必要に応じて提示する。

そのようにして行う課題も多くありました。はじめの目標があっても、あまりとらわれないことです。

材料とテーマの工夫

個人の表現力を引き出すための材料やテーマとして、可能性のあるものは何でも試みます。そして常に子どもたちの選択の幅が広がるように、たくさんの材料を用意します。たとえば、粘土は常に200kg以上。いろいろな材質、色、大きさの紙類。さまざまな布やリボン、ひも、自然物、廃品、ビーズ、木端材、金属など、造形に使えるものは何でも用います。用具は、縫い針、金工用の金床、ペンチ、電動糸ノコと必要に応じて使います。模倣や模写を必要とする題材は選ばないので、園児たちは他と比べられることなく、自信に満ちて、何より飽きずに活動します。

子どもたちの変化

1年が過ぎるたびに、いつも子どもたちのすごさを実感します。日常のしつけがきちんとしていて、集団生活で指示を聞くことができ、行動力もあるという、とても指導しやすい子どもたちですが、同時に思い切り心を解放したいという願望があります。「粘土遊びをしたい」と要求するし、夢中になれるものに出会えば、2時間過ぎても自分からやめる子どもはいません。

この幼児期の子どもたちに出会い、自己創出力を高めるための造形活動を実践できることは幸いです。指導スタッフは、「4月になったら造形ができる」と、前年から心待ちにしてくれている子どもたちのことを保育士さんから知らされ、これからも子どもたちの「本物のアート」に出会えることを楽しみに、造形教室を続ける意欲を高めています。

造形教室での実践から得られたもの

想像力はどのように開花するか

幼児の1年間の造形活動の経過を見ると、企画者の感性や課題の与え方、それを可能にする場の設定（環境作り）がとても重要です。

何年間かの実践を通して、子どもたちのイメージ豊かな造形表現が心身ともに日々発達していくことは想像以上であると実感しました。それは、まぎれもなく普遍的なアートの創出でした。造形教室で子どもたちが創り出したものは、年齢や発達と関連しつつも、それらを超えてアートとして存在し得るものだったのです。

心身の発達と表現活動

描いたり作ったりする造形表現は手や身体の動きを伴い、さまざまな道具を使うことになります。それは単なる技法の訓練ではありません。やりたいことを実現するために必要になり、挑戦し、克服することで技術を獲得できるのです。表現に必要な行為を楽しく続けることと、その集中力によって、技術力や手の操作性の向上がもたらされるということです。

描いたり、作ったりする活動は、目と手の協応動作、空間の認知、空間の位置、形の知覚など、視知覚、認知能力全体を高めます。また知能の発達とも相関の高い、形や色概念が発達する幼児や低学年の児童にとってはとくに必要な活動です。面白くて夢中になって手を使い、全身の動きを伴う表現活動をすることで、知能もパーソナリティも含めた心身の発達全体が高まります。

この経験から得られたものは当初から確信していた以上に多く、また、これからの指導スタッフの意欲をいっそう高めることになりました。この造形教室での取り組みは、造形美術とは何か、また、どのように考えるべきかという指針をわたしたちに教えてくれます。幼児に限らず、年齢や発達の違いを超えて創作を楽しむための造形課題のヒントになるでしょう。

造形教室の方針・題材について

子どもたちの好奇心を満足させることができる課題

そのために、どんな表現材料やテーマを用意すればよいかを考えることが企画者の仕事です。子どもたちが、用意した題材でどんなことができるかを見つけられるように、可能な限りさまざまな材料を準備し、選べるようにしておくことを心がけます。

造形活動を楽しむこと

とても重要なことです。それは幼児期から成人まで、ずっと自分自身の表現を獲得していくための基本だからです。画一化からはみ出すことを大切に。独自の造形表現を励まされて自分に自信を持つように。課題解決力を育てることができるように。そのようなチャンスを与えたいと思い、テーマや材料を用意しました。

ひとりのアートから「みんなのアート」、アートワークショップへ

子どもたち、企画者も含めて、共同制作（コラボレーション）となるような造形活動をすることがしばしばあります。それはアートワークショップに繋がる活動です。

　大きな壁面や空間を占めるような造形の場合、どうすれば、一人ひとりの表現を「みんなのアート」へと繋ぐことができるか。この時、企画者は子どもたちの活動を支援すると同時に、ひとりの表現者（アーティスト）として、全体をどのようにまとめるか、あるいは空間構成するかを考えます。子どもの活動の進行とともにイメージを発展させ、創っていきます。そのような過程を経ることで「みんなのアート」として何らかのまとまりやメッセージを発信することができるのです。

I 粘土（陶土）を使って

はじめての粘土遊び

粘土（陶土）を使って作る

人の形・ひな人形・陶板レリーフ・土鈴

花の鉢作り

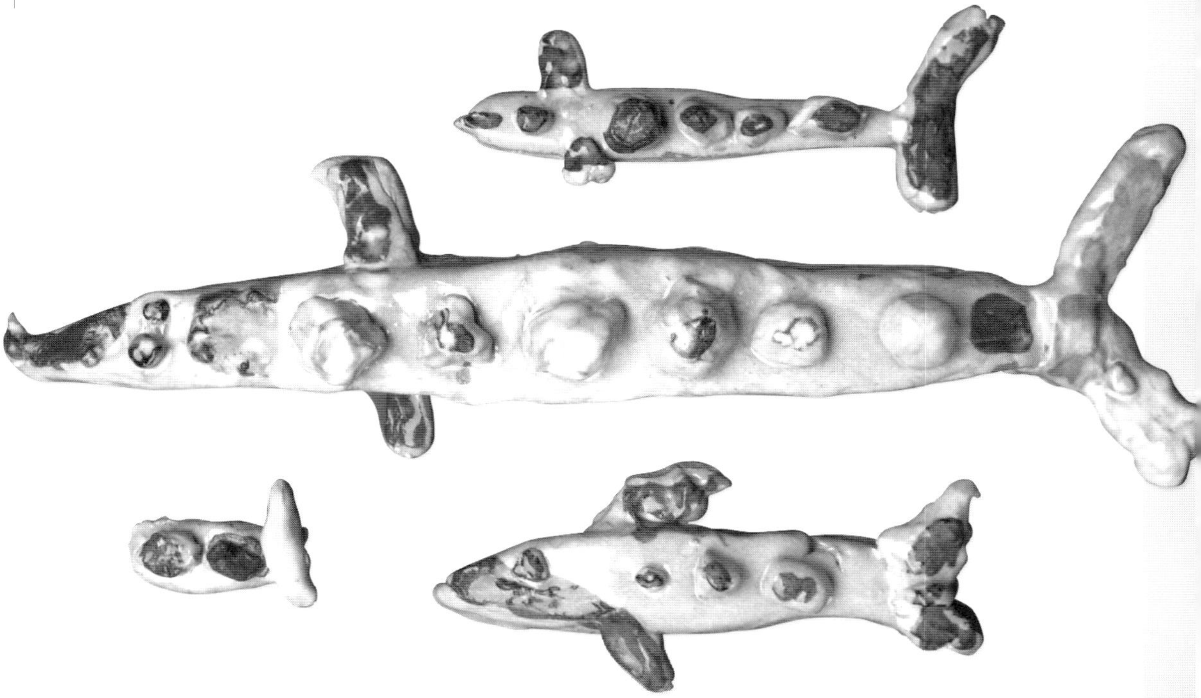

はじめての粘土遊び

子どもたちが受け身の立場で指導されるのではなく、自分なりのアプローチを選択できる造形材料として、もっとも適しているのが粘土です。子どもの成長に必要な行動的、能動的な学び方に適した美術教育の題材・素材としてとくに重視しています。
粘土は触れた手の動きそのままに形を変え、作り手の意志や情動が投影され、運動的、原始的な感覚の満足を得られます。この粗大運動*から始める粘土遊びは、物(object)の制作を第一の目的にしないアートセラピーの面からも意味があります。
幼児期の基本的な欲求の表出となるように、毎年最初の造形教室では必ず大量の粘土による表現活動を行います。

(*粗大運動　手足胴の大きな運動)

✔用意するもの

材料

粘土：200〜300kg

信楽並土（1人5〜10kg目安）を、幼児の持てる3〜4kg程度の大きさに分けておく

用具

- ビニールシート、ベニヤ板：床の保護用
- 切り糸：粘土のかたまりを切断する道具
- 霧吹き：水を入れて、粘土が固い時や乾いた時に吹きつける

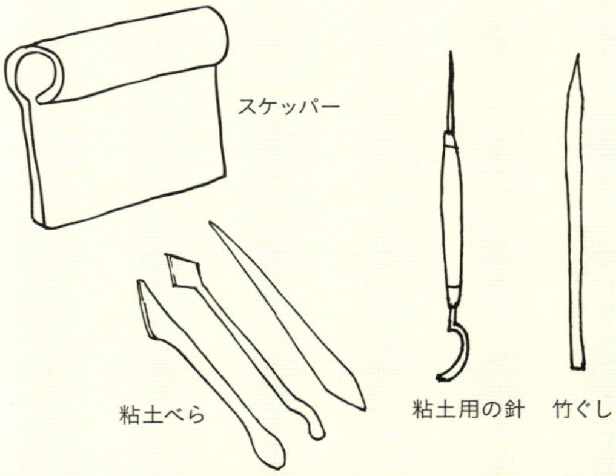
スケッパー
粘土べら
粘土用の針
竹ぐし

- 粘土べら、竹ぐし、粘土用の針、そのほか成形に使えそうなもの
- 音楽：行進曲のメドレーなど。粘土を踏む時に流す
- 手洗い用バケツ：手洗い場に粘土を流さないため
- スケッパー：板などに張りついた粘土をはがす道具
- プラスチックケース、ビニール袋：粘土保管用

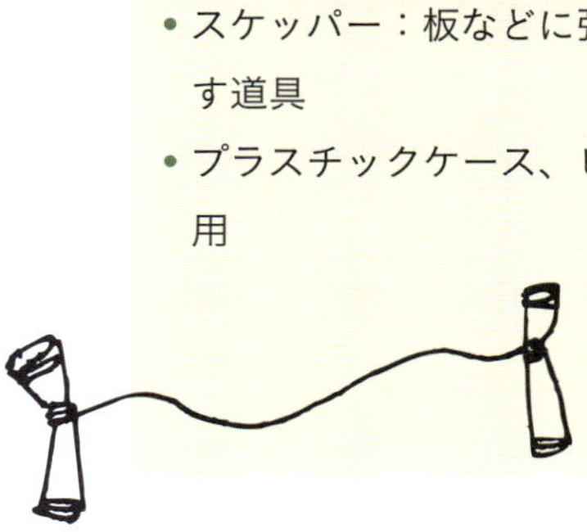
切り糸
細い針金または、
たこ糸の両端を布に
巻きつけて作ります

みんなで遊ぶ

1. 粘土に触れる

床にビニールシートを敷き粘土に触れます。床の状況によっては、ビニールシートの上にベニヤ板を敷き詰め、ガムテープで繋ぎます。

2. 粘土の輪を作る

霧吹きで水分を含ませてプラスチックケースなどに密閉しておいた粘土を、針金で3〜4kgくらいのかたまりに切って用意します。子どもたちは用意された粘土のかたまりを運び、床に大きな粘土の輪を作ります。

3. 粘土を踏む

行進曲などの音楽に合わせて、粘土の上を一列になって力強く踏みながら歩きます。メドレーの曲が次々に変化するにつれ、子どもの動きも変わります。

この時、動く方向だけ決めておきます。子どもたちはみんなの動きに合わせたり、勝手に飛び越えたり、走ったり、自由に動きます。こうして、子どもたちは活動的に開放的に、やる気いっぱいになります。粘土のかたまりがペタンコになったところで、粘土の輪の外側に座らせます。

4. 粘土の中の空気を抜く

目の前の粘土を床からはがして、丸めて頭上まで持ち上げて叩きつけたりして、粘土の中の空気を抜いてかたまりを作ります。

たくさんの粘土を扱って十分に格闘します。こうすることで、粘土に親しみ、触覚的な刺激を受け、何か作りたいという意欲がでます。粘土も成形に使える状態になります（粘土を事前に練り上げておく必要はありません)。

ひとりで作る

とくに指示しなくとも、子どもたちは遊びに夢中でごく自然に創作を始めます。大きさもテーマも自由。土と触れるという体験を思い切り楽しみ、制限なしで自由な活動を活発に続けると、はじめは用具なしでさまざまな行為に挑戦します。

小さなかたまりを合わせたり積んだりして、何かのイメージを表現し始めたら、用具置き場から使いたい用具を自発的に選んで自由に使い始めます。クリスマスの飾り、ひな人形、卒業記念の植木鉢など、何かのテーマを決めて作る場合もあります。次のような点に気をつけて、適時サポートします。

＊粘土の乾燥に注意します。作っている間に粘土の表面が乾いてくるので、時々霧をかけます。
＊量は自由に。粘土の量は制限しません。小さく切った粘土を余分に用意します。
＊用具を工夫します。粘土を切ったり、穴をあけたり、ひっかいたりできる用具を用意します。
＊大きめの作品を焼成したい時は、作った形の

かたまりの中に空気が入らないようにし、とくに大きな粘土のかたまり状の造形になった時は、作品の背後などから粘土を掘り出し、なるべく厚さを均等にします。

みんなで作る

子どもたちが粘土を持ち寄って大きなかたまりとなるような造形活動です。とくにグループの分け方は指示しません。友だちと一緒に作ろうということで、2～5人くらいのグループが流動的にできることが多く、話し合い分担しながら共同で大きな制作や物語的な作品になることもあります。

どのようにしたら大きいものが作れるかみんなで考えるよう促しますが、具体的なテーマは与えないようにします。

粘土を繋ぐ（どべの作り方）

乾かして焼き上げ保存しておきたい場合は、用具（竹ぐしを3本束ねたもの、そのほか櫛状のもの等）を使って粘土の接合部分に傷をつけ、「どべ」（糊状の粘土）をつけます。

どべは作品に使う粘土と同じものを使います。同じ作品に数種類の粘土を使う時は、主となる粘土にあわせます。

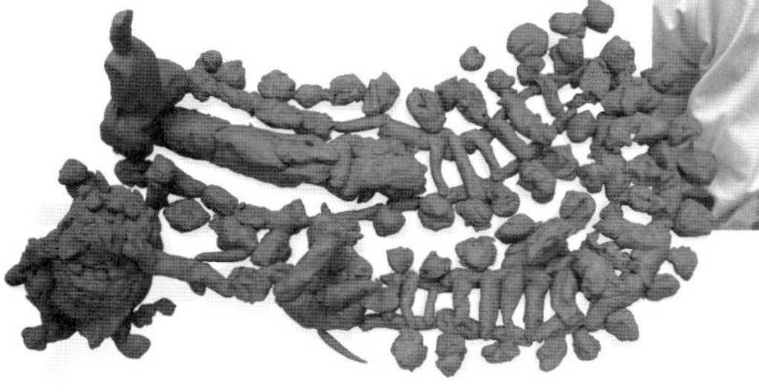

＊どべはあらかじめ蓋つきの容器に作り置きすると保存でき、使いやすくなります。

1. 小さくちぎった粘土を容器に入れ、水をひたひたになるまで（粘土が少し顔出す程度）入れます。
2. よくかき混ぜます。一晩置くと粘土が水に溶けて混ぜやすくなります。
3. 全体が混ざったら、使いやすい粘度になるまで、少しずつ水を足し、調整します。

粘土の後片づけ

1. 部屋中に散らばった粘土を集めて、2～3kg程度のかたまりにまとめ、床に叩きつけて空気を抜きながら立方体にします。子どもの体力に見合う大きさが適しています。
2. 粘土のかたまりに霧を吹き、ビニール袋で密閉して、プラスチックケースに入れて保存します。
3. 床に落ちた細かい粘土は、小さい粘土のかたまりで叩くようにして丁寧にとります。
4. 手や道具は、必ず手洗い用のバケツで洗います。洗った水は庭などの土の部分に撒いて処理します。粘土を手洗い場に流すと、排水溝が詰まります。
5. 土のない場所では、そのまま一日置き、粘土が沈んだら上水を切り、残った粘土は捨ててもいい容器に入れ、乾燥後、各自治体の分類に従い、ゴミとして出します。

＊作品は撮影して記録に残す。
このような活動の結果は保存できない場合が多いので、写真として記録します。

POINT! ポイント

大量の粘土による造形遊びは、子どもたちのもっとも希望する題材になっています。

＊みんなでわいわいと話し合いながら粘土遊びをすると、形も変化し、共通のテーマが生まれ発展していきます。こうして今までに味わったことのない粘土のボリューム感を体験することができます。

＊大きな構造物を作ることで、空間を意識する体験となります（空間での位置関係・空間関係の知覚との関連から）。

＊みんなで力をあわせ、互いの行為が結びついてよりダイナミックな共同制作となり、いっそうの楽しさと達成感を味わうことができます。

粘土（陶土）を使って作る

人の形・ひな人形・陶板レリーフ・土鈴

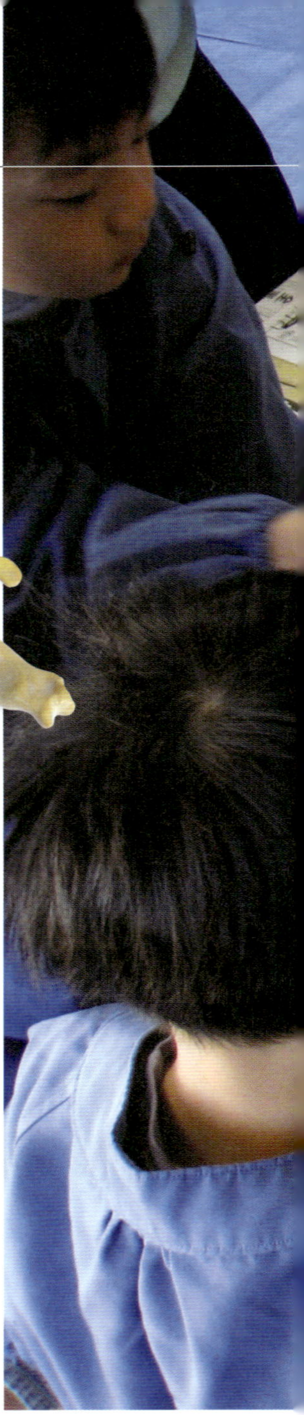

土鈴

この課題は、身体像のイメージを粘土素材の操作を通して表現することになります。細かな手の動きや集中力を要するけれど、子どもたちにとっては何より身近で誰でも容易に取り組める課題です。
この課題で子どもたちは、それぞれ発達途上のさまざまな造形力を発揮します。同時にこの課題は、情動的なものやパーソナリティの表出としての投影的な意味もあり、人物画の発達的な成熟度との相関の高い課題です。身体全体を表現すること、身体の各部も、頭から足の先まで衣服の象徴も含めて細かく表現するように指導します。

ひな人形

✔基本の粘土用具

- 粘土板：1人1枚（30cm×30cm程度のベニヤ板）
- どべ：2人に1つ　（p.15参照）
- 粘土べら、その他成形に使えそうなもの
- キズつけ棒（p.23参照）
- 竹ぐし
- 手拭き用濡れふきん
- 手洗い用バケツ
- 霧吹き
- 切り糸
- かきべら　• スケッパー
- 彩色筆 ：下絵の具1つの容器に1本入れておく（絵の具の混色を避けるため）
- 面相筆：5人に1本（細かい模様に使う）。水を入れた容器に差しておき、好きな色を使ったら洗う
- スポンジ：作品の裏についた絵の具や釉薬を拭き取るため

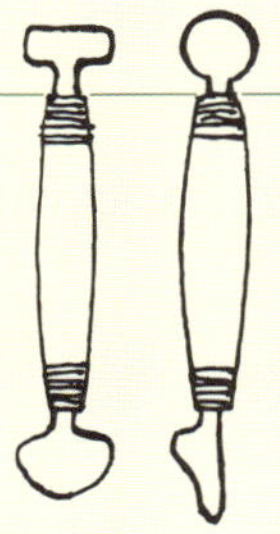
かきべら

人の形を作る

図式画の段階にある保育園の年長組の子どもたちは、それぞれの個別性を発揮して、粘土の小片を繋いだり積み上げたりして、人の形を作り出すことができます。そのため、作り方は個人の方法にまかせ、指示しません。その結果レリーフ状のものや、座位のように上半身が起き上がったもの、立像などの形が作られます。

材料

- 信楽並土または白信楽土：200g程度に分けておく。粘土の乾燥を防ぐために粘土を一度に渡さない
- 陶芸用下絵の具12色：素焼き後、絵付けに使う
- 透明釉

用具

- 基本の粘土用具（p.17参照）

形を作る

1. 部分の接着の方法を指導します。p.15粘土を繋ぐ参照。
2. 粘土の表面が乾かないように、必要に応じて霧をかけます。
3. 極端に厚い部分は、裏側から粘土を掻き出しておきます。
4. 2～3cmの厚みの場合は、掻き出しにくいので、竹ぐしや粘土用の針で穴をあけ、中に空気が通るようにします。
5. 2個以上は自由に好きなものを、時間いっぱい作ります。
6. できたものから粘土板に乗せて乾燥棚等に運びます。

かたまりの作品は厚さ1cm程度を残して掻き出します

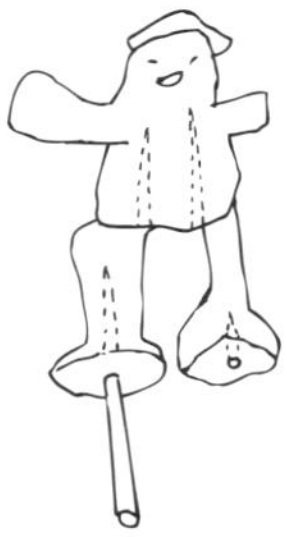

2cm以上厚みのあるところは竹ぐしで穴をあけておきます

素焼き

直射日光の当たらない風通しのよい場所で10日～2週間程度乾かし（季節によってかなりの差がある)、完全に乾いてから陶芸窯で素焼きします。750～800℃で8時間程度。

着彩

彩色筆を使って陶芸用下絵の具12色で絵付けをします。

1. 筆の持ち方を指導します。力を入れ過ぎない・穂先をつぶさない・作品に対して立てて使う。
2. 素地全体に下絵の具をつけると粘土の地肌の風合いが見えなくなるので、塗るのではなく、ポイントとして模様を描くようにします。
3. 色を重ね塗りするのは2回まで。同色でも、同じ場所に3回以上重ね塗りすると、絵の具が厚くつき過ぎ、焼成後、釉の縮れや剥離が起こります。

4. 目など、細かい描写には面相筆を使います。
5. 底面（裏面）には色をつけないようにします。

施釉

透明釉もしくは、薄めに溶いた「うのふ釉」を作品に施釉します。

1. 作品の一番下の部分を指先で持ち、逆さまにして釉薬に浸けます（2秒程度)。
2. 底面と下から5mmには釉薬をつけないように。ついた場合は、水で濡らして絞ったスポンジで拭き取ります。
3. 釉薬がついていない面を下にしてそっと置き、釉薬が乾くまで触らないよう気をつけます。

窯詰め、本焼き

使う釉薬や窯詰めの量、窯の大きさ、種類により、焼成時間や温度は変化します。

1. 作品の底面に釉薬がついていないか確かめ、窯詰めします。
2. 1230℃くらいで12～15時間本焼き焼成。

ひな人形を作る

希望者による「雛人形作りの親子造形教室」で、親子がそれぞれに自分流に女雛と男雛を作ります。

材料

- 信楽並土または白信楽土：1人300～500g（200g程度に分けておく）
- 陶芸用下絵の具12色
- 透明釉

用具

- 基本の粘土用具（p.17参照）

陶板レリーフを作る

全体の形を考えて自由に作ります。板状に切った粘土や、かたまりを叩いて平らに伸ばした粘土を土台にして、いろいろな道具を使って引っ掻いたり、削ったり、押しつけたり、掘ったり、穴をあけたりします。粘土で小さな形を作って貼りつけると凹凸のあるレリーフになります。

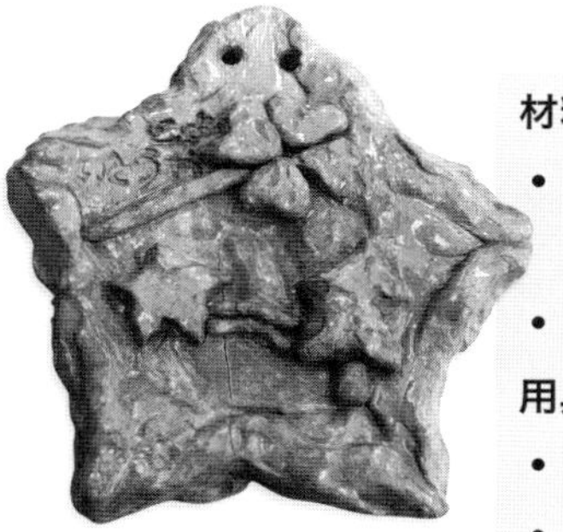

材料

- 信楽並土：1人1kg程度（500g程度に分けておく）
- 織部釉・うのふ釉など

用具

- 基本の粘土用具（p.17参照）
- さらし布：1人1枚
- タタラ板：粘土を板状に切るための木の板（1cm厚を10枚）

土鈴を作る

一人ひとりが形と色を考えて土鈴を作ります。いろいろな形の土鈴ができました。

木や家の形でも、その他どんな形の土鈴でもよいのです。

材料

- 信楽並土：1人1kg程度（500g程度に分けておく）
- 透明釉

用具

- 基本の粘土用具（p.17参照）
- さらし布：1人1枚
- 新聞紙：1人1/2枚　• セロハンテープ
- 陶芸用下絵の具12色

1. 粘土で作った直径1cm程度のボールを新聞紙半分で包んで丸めます。

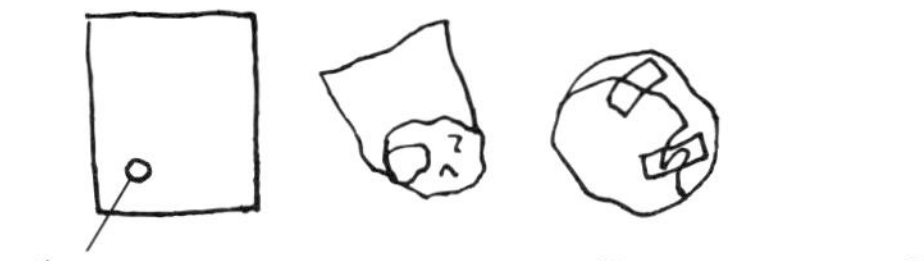
ボール
1日前に作っておくと
つぶれず扱いやすい
端はセロハンテープ
で留めます

2. 500g程度の粘土を一度丸めてから布の上で平らにつぶします。

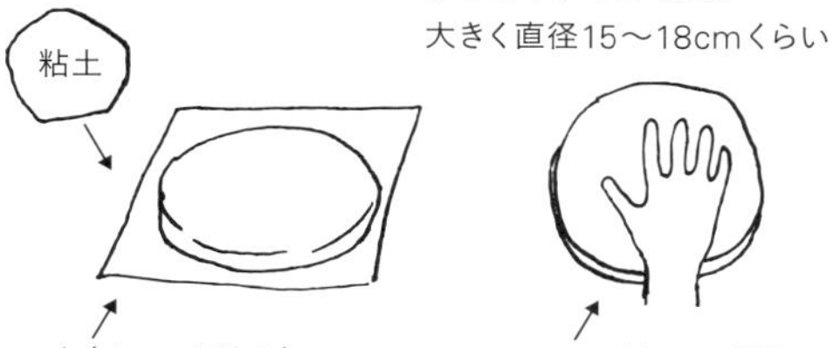
子どもの手のひらより
大きく直径15～18cmくらい
粘土
布（くっつき防止）
1cmくらいの厚さ

3. 2の粘土の上に1の新聞玉を乗せてくるみます。

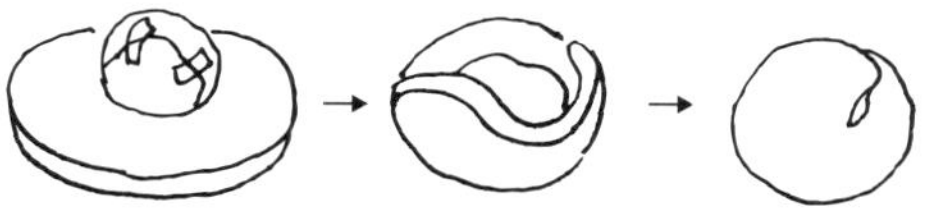
境目はしっかり指でくっつけます
隙間があるところは新しく粘土を足します

4. 粘土で作った模様をつけたり、竹ぐしで引っ掻いたりして飾りつけます。

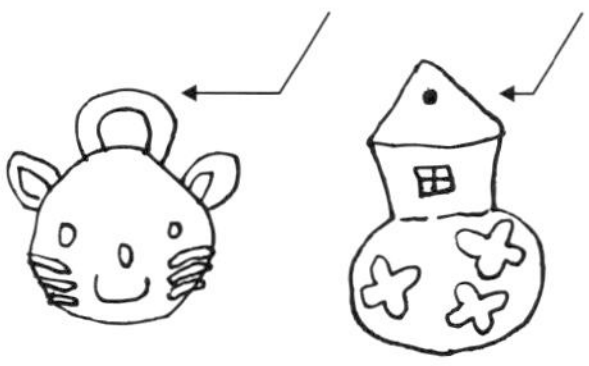
ひもをつけるところはひも状の粘土を
つけるか穴をあけておきます

5. 底の部分に切り込みを入れます。

両端は丸い棒でぐりぐりして
丸くしておきます（割れ防止）

6. 素焼き（700～800℃）
焼けたら底の隙間から、竹ぐしなどでつついてほぐすように新聞紙の燃えかすを出します。
7. 下絵の具で模様をつけたり、釉薬をかけます。
全体に下絵の具をつけると粘土の風合いがなくなります。ポイント的に模様を描くようにつけます。
＊底の隙間から釉薬がはいらないように注意。
＊下から1cmは釉薬をつけないこと。
8. 本焼き（1230～1250℃）

花の鉢作り

使用目的のある器を作るという課題です。器作りの中では制約が少なく、子どもが好きな形を考えて、自由に立体的な表現ができます。毎年、何回かある粘土造形の最終段階です。
3月までに植木鉢を作り、小さな花を植えて卒園式に飾ったあと持ち帰ります。
その都度、粘土の種類や色の異なる土との組み合わせを変えたり、釉薬の種類を増やし子どもたちが色の変化を楽しむこともできるようにと、さまざまな工夫を重ねています。

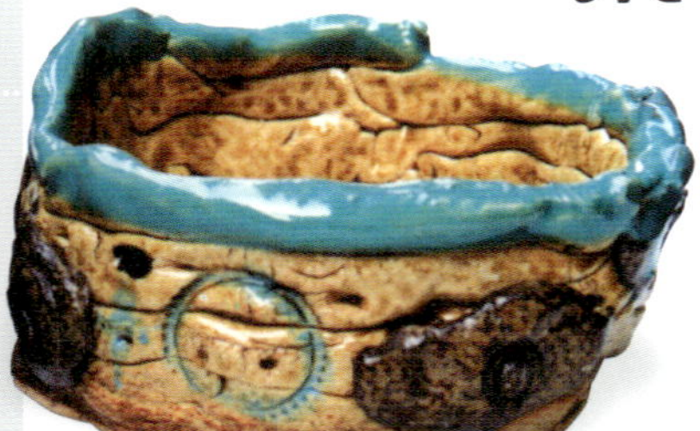

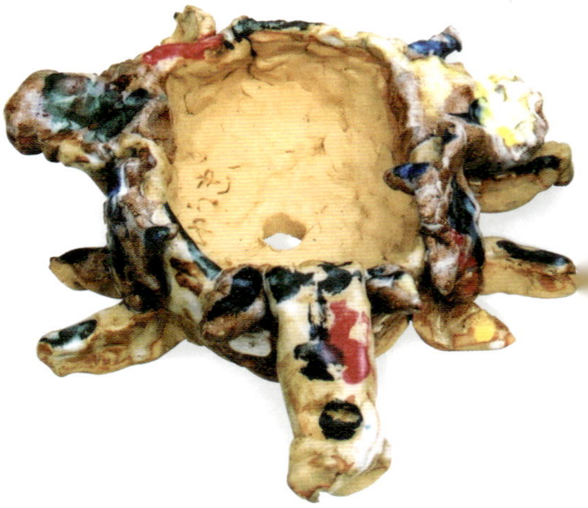

Aタイプ

Bタイプ

Dタイプ

✔用意するもの

材料

陶土と釉薬：陶土は1人3～4kg（500g程度に分けておく）

Aタイプ

陶土：信楽並土＋赤土

釉薬：陶芸用下絵の具＋うのふ釉

Bタイプ

陶土：信楽並土＋赤土

釉薬：鉄赤・黄瀬戸・織部釉などから選ぶ

Cタイプ

陶土：信楽並土＋カラー粘土

釉薬：うのふ釉

Dタイプ

陶土：信楽並土＋カラー粘土

釉薬：陶芸用下絵の具＋うのふ釉。下絵の具の上にうのふ釉をかける場合は、絵の具の色が見えるように薄めて使う

- 飾り用粘土：カラー粘土、赤土など（20g程度に分け、色別にタッパーなどに入れておく）
- 陶芸用下絵の具12色
- 底のサイズの厚紙

用具

- 基本の粘土用具（p.17参照）

作り方

2色の粘土と下絵の具＋うのふ釉の場合

1. 底を作る

粘土板に粘土のかたまり1個分（500g程度）を配り、まず底の部分を丸く平らに作ります。

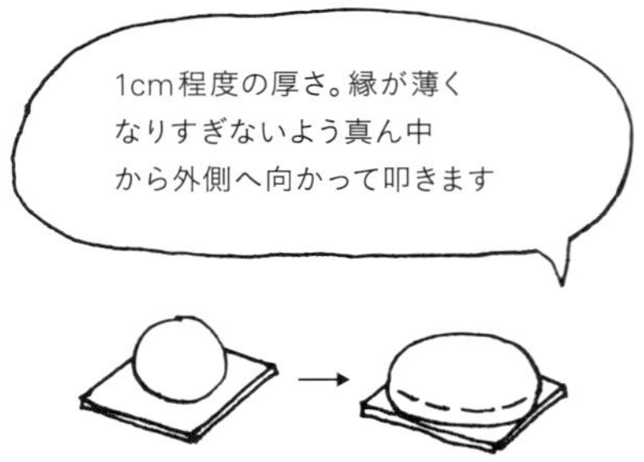
1cm程度の厚さ。縁が薄く
なりすぎないよう真ん中
から外側へ向かって叩きます

2. ひも状粘土を底部の周りに積む

ひも状の粘土を作り、底部の周りに積み上げていきます。粘土は本焼きすると体積が10％程度縮むので、植木鉢や食器など用途のあるものは、使いたい大きさよりひとまわり大きく作るよう心がけます。

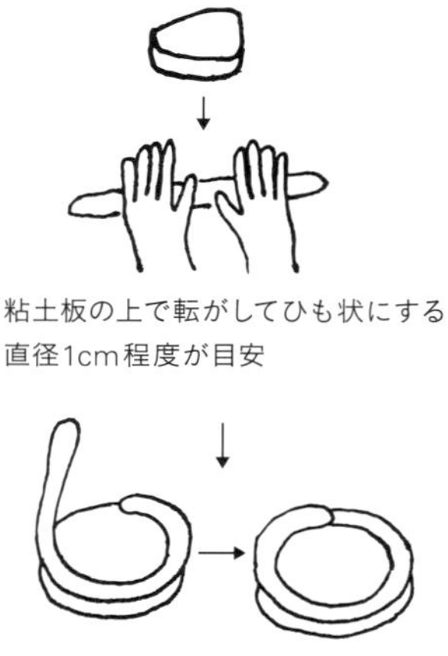
粘土100g程度
粘土板の上で転がしてひも状にする
直径1cm程度が目安
底の粘土の上に
ぐるっと置きます

3. 高さと縁の形を決める

最初は作りやすい丸型にひも状粘土を積み、最終段階では、それぞれ自由な形に仕上げます。この時、器の内側を指でこするようにして上下のひも状粘土をなじませて剥がれないようにします。

繰り返して粘土を
高く積みます

ひも状の粘土を積みながら、
順次粘土の境目をなじませます
内側は上から下へ
外側は下から上へ

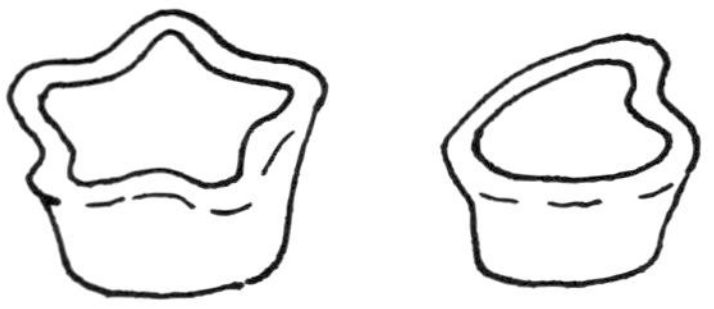
10〜15cmの高さになったら縁の形を
決めます（丸のままでもいい）
縁が乾燥してきたら濡れふきんで
包み、湿り気を与えます

4. 飾りつけ

赤土も使って鉢の縁や側面に飾りを作って貼りつけます。さまざまな用具を工夫して使い、模様をつけた後、底穴をあけ、裏から記名します。底穴と記名は大人が手伝います。

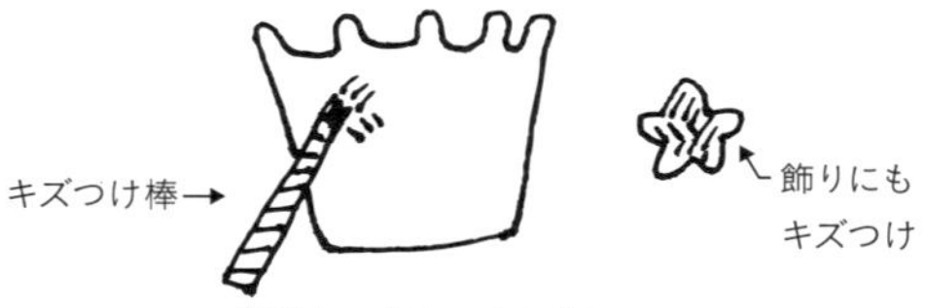
キズつけ棒
飾りにも
キズつけ
飾りをつけたいところに
キズをつけます

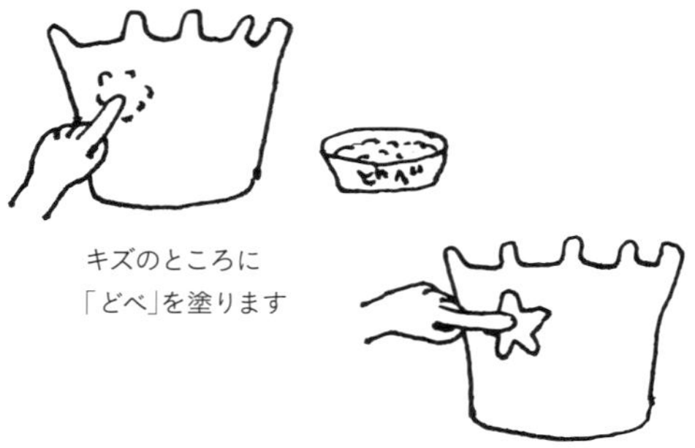
どべ
キズのところに
「どべ」を塗ります
飾りの粘土を押しつけます

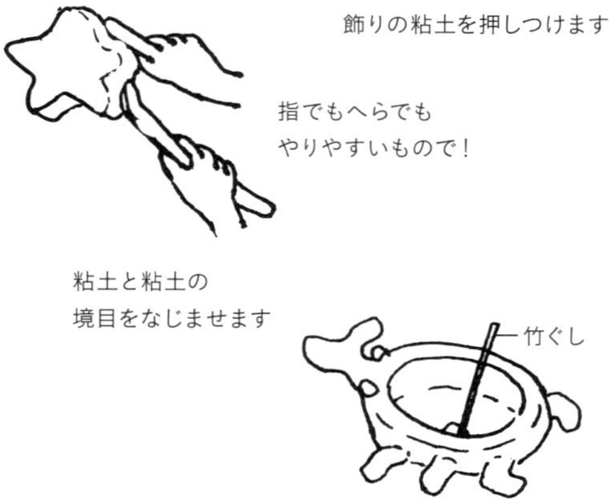
指でもへらでも
やりやすいもので！
粘土と粘土の
境目をなじませます
竹ぐし
底穴をあけます

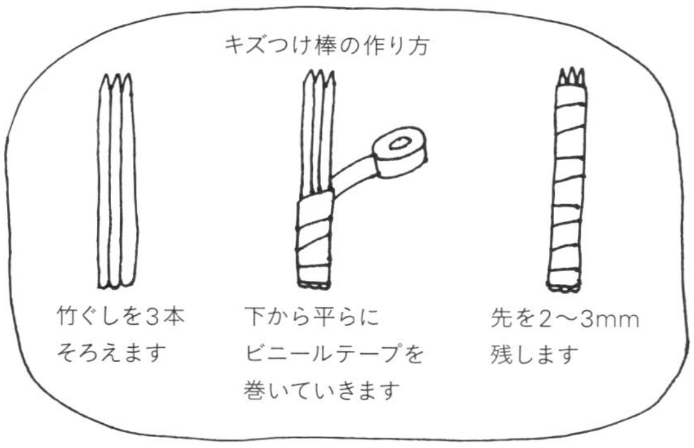
キズつけ棒の作り方
竹ぐしを3本
そろえます
下から平らに
ビニールテープを
巻いていきます
先を2～3mm
残します

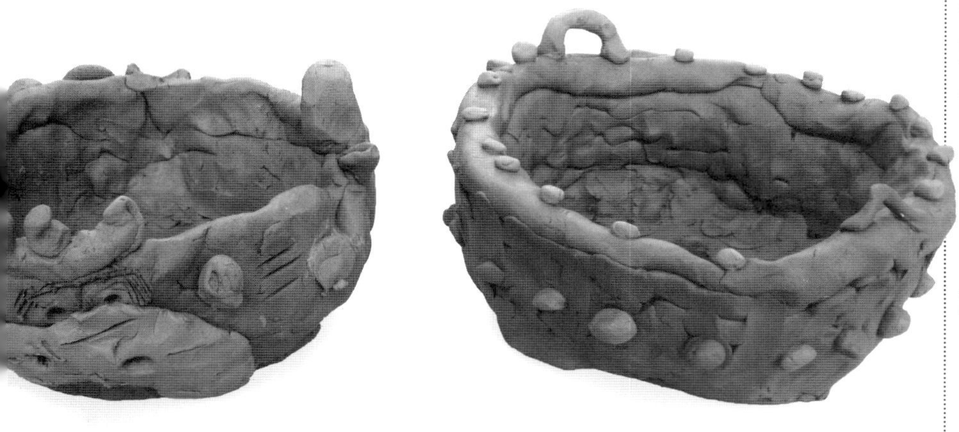

材料について

＊使用した粘土の種類

［信楽並土］→大量粘土遊び、花の鉢本体、その他一般的に使用

［赤土］→花の鉢、レリーフなどの飾りに使用

［白信楽土］→焼き上がりが白くなり、着彩の発色がよい

［カラー粘土］→装飾的な作品のポイントに（ピンク、イエロー、スカイブルー、ブルー、グリーン）

＊釉薬など

［釉薬］本焼きすると溶けてガラス質に変化する。液状に溶いて使う

- 3号釉（透明）・うのふ（淡い白）・桜花（薄桃）・織部（緑）・トルコ青（水色）・瑠璃（青）・鉄赤（赤茶）・黄瀬戸（薄茶）など
- 筆で塗れる釉薬（赤・緑・青など10色以上）

［下絵具］素焼き後、絵付けに使う

- 弁柄（赤茶～こげ茶）
- 陶芸用下絵の具（赤、黄、黒、水色、茶、青、橙、肌色、白、ひわ、緑など）

5. 乾燥と素焼き

直射日光の当たらない風通しのよい場所で10日～2週間程度乾かします。季節によってかなりの差があります。完全に乾いたら、750～800℃で8時間程度素焼き焼成します。

＊大きな作品や厚みのある作品は乾燥にも時間がかかります。焼成も10～12時間程度かけてゆっくり焼き上げます。これは割れや歪みを防ぐためです。

6. 彩色と釉薬

彩色筆を使って、陶芸用下絵の具12色で絵付けします。絵の具が乾いたら透明釉か（薄めに溶いた）うのふ釉を作品に施釉します。

7. 本焼き

作品の底面に釉薬がついていないか確かめて窯詰めし、約1230℃で、12～15時間本焼き焼成します。釉薬や窯詰めの量、窯の大きさと種類によって焼成時間と温度は変化します。

〈参考〉造形教室では以下のような電気窯を使用しています。

［小型電気陶芸窯］

炉内容積：84.6 ℓ、炉内寸法：450×400×470mm、本体外寸法：955×685×855mm、電源：三相200 V、消費電力：8kW（24A）、最高使用温度：1300℃

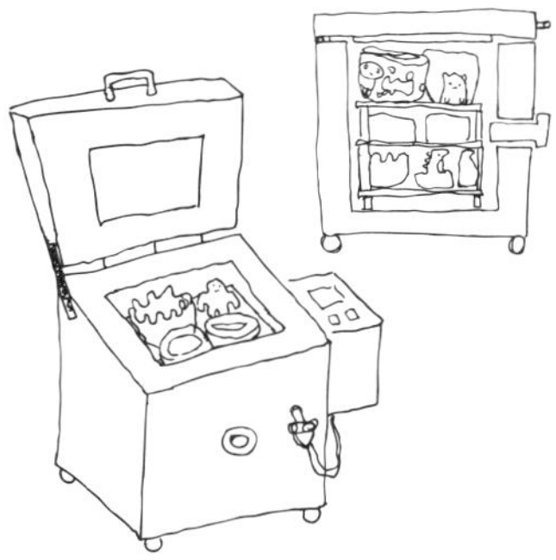

POINT! ポイント

＊1種類の粘土による制作だけでなく、釉薬・下絵の具・粘土の組み合わせ方を、毎回さまざまに変えて制作してきました。子どもたちが作る形は素焼きのままでも、装飾的で立体としての面白味が十分伝わるものになっていますが、より鮮明に子どもたちの意図が表れるようにと、数種類の釉薬や下絵の具を使いました。

＊年度によって違う組み合わせで制作しましたが、出来上がりの効果は、それぞれどの組み合わせでもよい結果となり、一つひとつが違った表情を持つ作品になりました。

＊下絵の具で模様を加えたものは、子どもの筆づかいのリズムが作品に表れ、より表情のある生き生きとした表現になりました。

＊下絵の具も釉薬も、1色で全体を覆うより、部分的に色をつけるほうが、作り手の意図がよりはっきり表れ、装飾的効果も上がります。現在は主にDタイプの信楽並土＋カラー粘土に下絵の具＋うのふ釉の組み合わせを好んで制作しています。

子どもたちが作った粘土作品

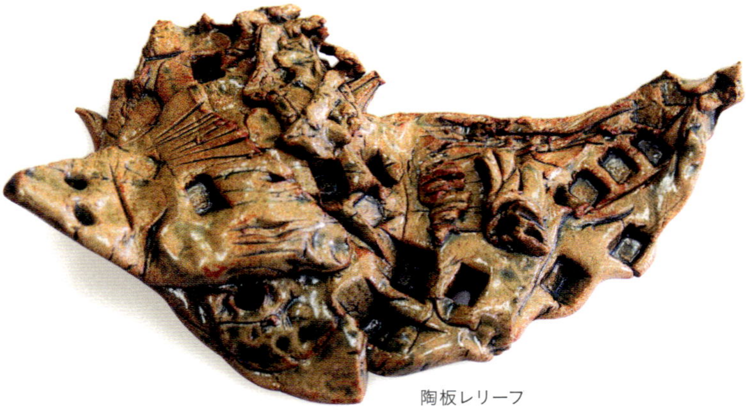

陶板レリーフ

土鈴

土鈴

ひな人形

土鈴

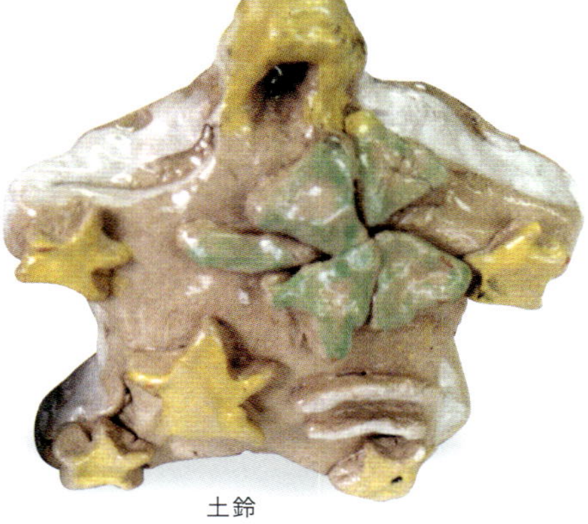

土鈴

花の鉢

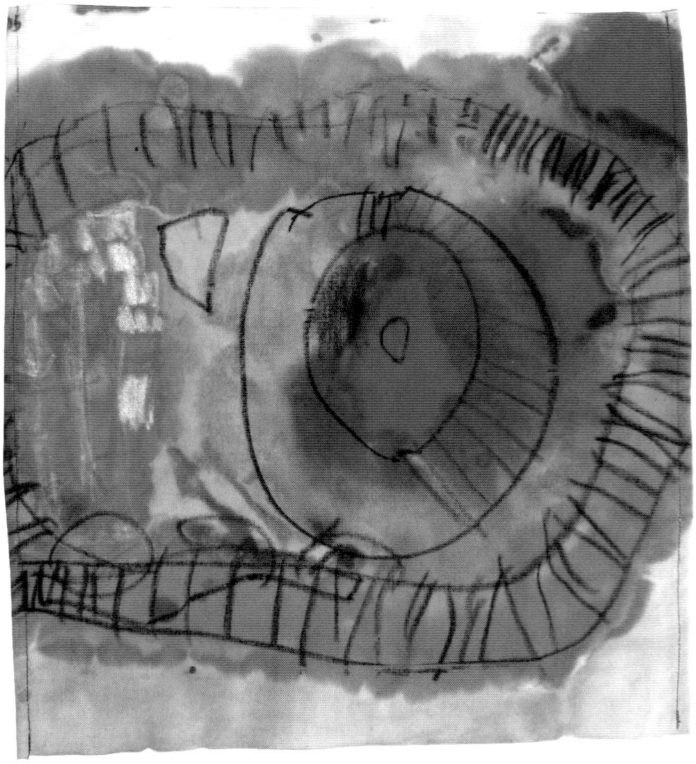

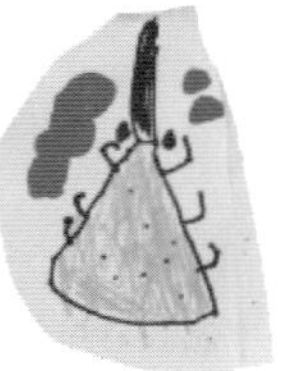

Ⅱ 描く

和紙に墨と絵の具で描く
手で破った紙に描くA
手で破った紙に描くB
一人ひとりの布絵
小さい絵

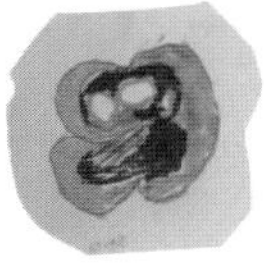

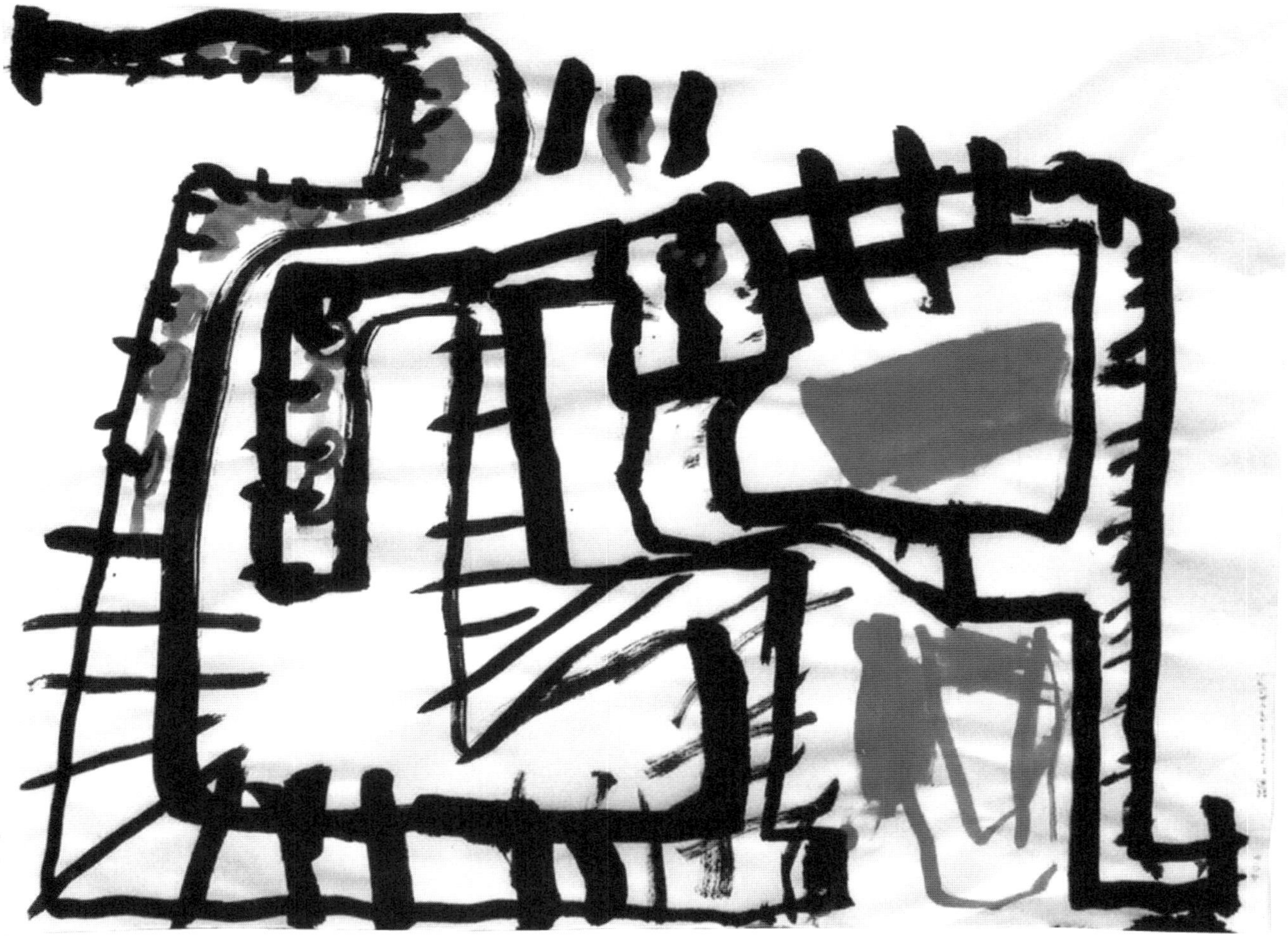

和紙に墨と絵の具で描く

造形教室での最初の描画の題材として、のびのびとリラックスして描けるように、和紙に墨と絵の具を用いることにしました。幼児にとっては、大きな和紙に太い筆で描く方法は、画用紙に硬質の描画材で描く場合と違い、大きく腕を動かし手指の力をコントロールしながら柔らかい筆先で描くことになります（ボールペンやサインペンなど筆より硬質の材料は、線描＝ドローイングによって「形」を描きやすい）。

絵の具で浸透力のある和紙に描く方法は、呼吸のリズムと瞬時の決断で感覚的に筆を運ぶので、その時の感情が直接的に表現されやすく、心の解放にもなります。また、筆をコントロールして描くには、手に力を入れるだけではなく、力を抜くことが必要です。筆で描くことで手の力のコントロールを学習すると同時に、豊かな感情表現が生まれます。和紙全面の広い空間を見渡して、その空間全体を意識して色面や線を描き、紙面全体を構成することになり、図と地や空間の位置関係などの視知覚全体を高めることが期待できます。

一人ひとりのテーマは自由にし、絵の具の色も各自で選択するので、個別性のある生き生きした表現になります。

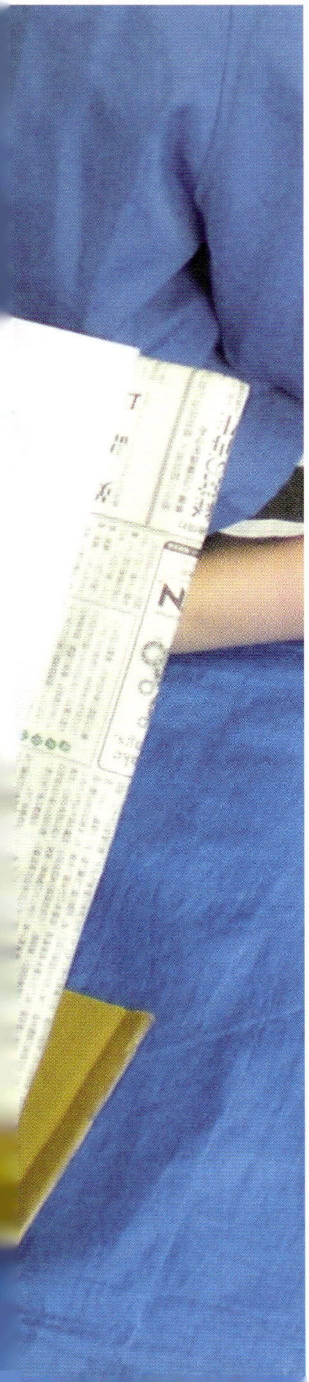

✔用意するもの

材料

- 和紙：1人2枚。障子紙を切り、縦45cm×横55cm程度の大きめの和紙を用意
- 墨汁
- 水性絵の具：ポスターカラー、アクリル絵の具など
  - ＊淡色：黄・オレンジ・ピンク・水色・薄緑・薄紫などを牛乳パックで作った浅い容器に水で溶く
  - ＊濃色：同様に水で溶く
  - ＊絵の具を入れた器は机上の1箇所にまとめて置き、各自が選んで使う
- セロハンテープ：和紙を手作りイーゼルに貼る

用具

- 手作りイーゼル（画架）：イーゼルの作り方は、作り方の1を参照

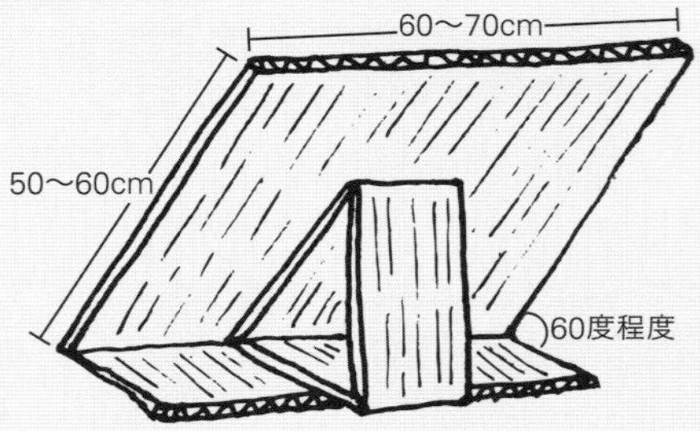
60〜70cm
50〜60cm
60度程度

- 彩色筆：1人1本。墨汁を入れた容器に1本ずつ筆を入れておく
- 水彩画筆、彩色筆など：絵の具を入れた容器に1本ずつ入れておく
- 手拭き用濡れふきん

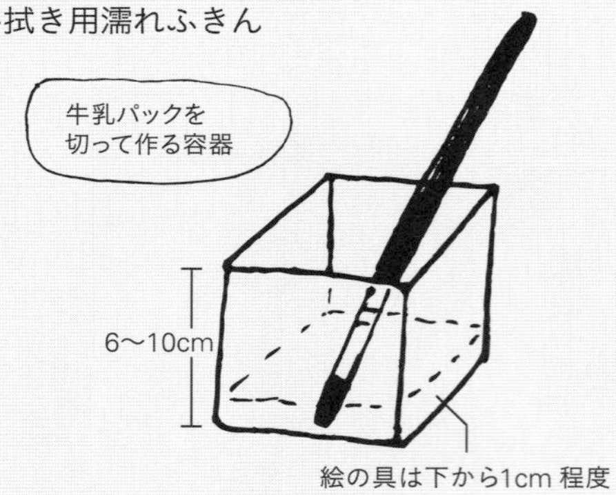
牛乳パックを
切って作る容器
6〜10cm
絵の具は下から1cm 程度

作り方

1. 手作りイーゼルを作ります。画面の大きさが縦50〜60cm×横60〜70cmになるように段ボールをL字型に折り曲げ、帯状の段ボールを3角形に組んだ支えを裏面に貼りつけ、約60度の傾斜をつけます。
   ＊段ボールのイーゼルを使うと、画面が子どもの面前に斜めに立つことになり、少し大きな画面でもひと目で見渡せ、机上に置くより視界もよく、描きやすくなります。
2. 手作りイーゼルの上に新聞紙を敷き、その上に和紙を貼ります。最初の1枚の和紙は、墨汁による線描きを指導します。
   ＊筆の持ち方を指導します。穂先をつぶさないように立てる・力を入れ過ぎない・線を引いたり、塗ったりする方向が穂先に逆行しない。
3. 和紙に線描きが終わったら、絵の具を並べてあるコーナーから、子どもたちに使いたい色を1色選ばせ描いたり塗ったりします。最初は淡色から選ぶよう指導します。順次絵の具を交換に行き、席に戻って描きます。
   ＊墨汁で線描きをしてから着彩に移ることで、線の存在感や描かれる形を意識することになります。いきなり太めの柔らかい筆と多くの色を与えた場合に想定される、情動的な行為としての「塗りたくり」動作にはなりにくいでしょう。

   ＊主体的に好きな絵の具の色を選び、指示を受けずに自分で考えて行動することで、表現する意欲や集中力が生まれます。
4. 次第に濃度の高い絵の具や、濃色を絵の具置き場に並べ、子どもが選べる色数を増やします。
5. 2枚目の和紙に描く時は、とくに描き方は指示しません。1枚目の経験と成功が自信となり、今度はこうしたいとイメージが膨らみ、変化して、自分流に描けるでしょう。

保育士研修 子どもに戻って

子どもたちの描画のあと保育士研修を行いました。「子どもと同じ描画材で描くこと」「今までに描いたことのある絵は描かない」を条件に、保育士を3グループに分け、3人の指示者の3通りの導入に従って、3通りのテーマで保育士が描くとどのような結果になるか実験しました。

それぞれの体験結果の絵を見て、指導者の指示や考えが、どう伝わり、結果としてどう表れるか、子どもたちの表現と比較して考えてもらうことが目的です。3通りの指示の内容は次のようなものでした。

①物語性のある絵を作る（メルヘンの世界）。
②自由に好きなように描く。
③線描から始めない。紙面に、まず淡色の絵の具をいきなり置く。淡色のグループは、不特定な非形象や無意識的な色面でよい。次に、淡色の色面からのイメージやひらめきで、濃色や墨汁の線描を加える。

参加者全員がこの条件で描き出したところ、思ってもみなかった表現になり、とても新鮮な体験になりました。自らが生み出した形に自身がびっくりし、そこからイメージが発展したり、心の中を見るような感覚を味わうこともありました。何かに頼らずにある程度無意識的に描き出しても、意識下にある想いや形が現れ、それらを意識して発展させていくとトータルな心の表現になるという、心のメカニズム（心理機制）の面白さにも気づくことになりました。

大人になると、どうしても学んだものを思い出して描こうとします。上記のアドバイスなしで描く場合、ひまわりや、絵本で見たことのある形や、保育雑誌などの冊子にある形を描こうとすることが多いでしょう。そこからいかにして離れるか。それには、すでに記憶の中にあるパターンを忘れて、自分の発想で表現を創り出す体験が必要です。この保育士研修によって、幼児期の子どもの豊かな表現力にあらためて感動し、そこに表現の原点を見てとり、学ぶべきものの大切さに気づくきっかけとなりました。

POINT!

ポイント

絵の具の濃度や選べる色数、与え方など、準備に少し気を遣うだけで、子どもたちは、ごく自然にスムーズに、素直に、失敗なく描くことができます。

✻太いドローイングのできる柔らかい感触の和紙は、絵の具が浸み込みやすく、大きく手を動かして、短時間で広い画面をいっぱいに使ってのびのびと描くことができます。

✻段ボールのイーゼルを使うことで、大きい画面を見やすくしたのは有効でした。

手で破った紙に描く A

描いたり、コラージュしたりする平面の制作を、大きな紙で行うことにしました。紙を破って用紙の形を自分で作り出す行為によって、造形活動の自由さを感じつつ偶然性をも生かしながら、それぞれのイメージが生まれてくるでしょう。それによって作画のテーマや構成も独自なものになります。

✔用意するもの

材料

- 厚めの色画用紙：1人1枚（全紙半切）。赤、オレンジ、ピンクを使用

用具

- 油性ペン：各色
- アクリル絵の具：牛乳パックで作った浅い容器（p.30参照）に水で濃いめに溶く
- コラージュ素材：端切れ・包装紙・キラキラした端切れ・毛糸・リボン・レースなど
- ハサミ：1人1本
- 水彩画筆、彩色筆など：絵の具の容器に1本ずつ入れておく
- 木工ボンド：2人に1個。牛乳パックの底部分を容器にして小分けしておく
- 手拭き用濡れふきん

作り方

1. 用紙の四隅から直線がなくなるように手で破ります。
   ＊破りすぎて小さくならないように。比較的大きめの形の紙になるように注意する。
   ＊作った用紙に、破いた残りの紙を継ぎ足してもよい。
2. 油性ペン・絵の具・布その他の材料でコラージュして、好きなテーマや形、画面を作ります。

POINT!

ポイント

赤系統の3色の用紙を使ったので、かなりインパクトのある作品になりました。

✻この制作を企画した時、手破りによって、角も直線もない、柔らかな変化のある輪郭の紙がたくさんできることを想定しました。子どもたちは、それを並べて大きな画面として繋ぐのかもしれないと思いました。

✻子どもたちは破りながら、偶然に表れてくる形から何かをイメージして、紙そのものが具体的なものの形になり、破った小さな紙片を接着して足をつけたり、取っ手をつけてカバンに見立てた形も作り始めました。

✻破った形の中に描いたり、コラージュしたりしたものもあり、結果として、それぞれに独自性を発揮した平面作品となりました。

✻造形活動への手がかりとしての材料は与えても、題材によっては導入に細かい指示をせず、できるだけ自由にそれぞれの子どもの想像力にまかせて、制作の方法や材料などの選択の幅を広げることによって、予想の範囲を超えた成果が得られることを実感しました。

手で破った紙に描く B

上の作品は、手で破った紙に描く Aの参考例です

子どもたちの作品展（みんなのアートワークショップ展、p.98参照）のために考えた、壁面に直接貼りつける描画を題材とした造形作品です。
子どもたちが短時間にさまざまな形の紙に楽しく描けるように、それぞれの個別性やひらめきが思い切り発揮できる方法を考え、「手で破った紙に描く」作品にしました。描くための紙の形を、子どもたちが好きなように作ることで、壁面空間に動きやリズムが生まれます。
偶然性が加わると同時に、形の選択もできる方法として大きな紙（全紙）を手で破いて自由に形を作ります。思い思いに手で破った形は、丸いもの、長細いもの、柔らかい三角など、大きさもさまざまで、形から具体的なイメージが湧かなくても、独自の紙の形を意識して、自然にそこに合うように絵を描くことになるでしょう。

✔用意するもの

材料

- 色模造紙（全紙大）：黄色・水色・淡緑など

用具

- 油性ペン
- 水性顔料ペン
- 両面テープ：壁に接着するため

作り方

1. 全紙大の紙1枚を、数人で次々に破ります。色の違う用紙数枚をある程度の大きさになるまで破ります。
2. さまざまな形になった紙の中から好きな形を選んで、その中に絵を描きます。油性ペンなどで線描します。
   ＊用紙全体を塗りつぶさないように着彩します。そうすることで、小さい線描画であっても明快に一人ひとりの意志を表現したものになります。
3. 自分で選んだ紙の形にふさわしい絵になるように指導します。
   ＊細長い紙は端まで描き、小さな用紙にもそれに見合うイメージを描くといった工夫するよう励まします。

みんなのアートワークショップ展会場の壁面展示

POINT!

ポイント

「絵を描く紙の形は四角いもの」という概念の枠を外せば、もっと自由にゼロから形を発見していく楽しさを知ることができます。自分の手を動かして、意識的無意識的に紙を破り、偶然も加わってさまざまな形の紙ができました。

✻かなり細長い形を蛇に見立てて、延々と鱗と見られる図柄を描き込むなど、紙の形から思いついたり、紙のスペースをうまく使って形を描くなど、それぞれ自己主張のある絵になりました。

✻同じ形がひとつもない柔らかな輪郭の大きさも異なる絵は、みんなのアートワークショップ展会場のＬ字型の壁面に無作為に配置して両面テープで貼りつけました（p.106参照）。この壁の手前に自然の木の枝や布ひも等を用いて構成した小枝と布ひもの造形物（p.106参照）を吊り下げます。

✻淡い色の、手で破った紙に描いた絵と、質感の異なる小枝と布ひもの造形物との構成は、展示室全体のインスタレーションの一部として調和し、一体感のある優しくも存在感ある展示になりました。

一人ひとりの布絵

布に描くことは幼児にとっても、一人ひとりの表現力が素直に発揮できる、好奇心と興味の持てる描画法です。
布は、まだ力のコントロールが不十分な幼児が描いても破れることはなく、また油性ペンなどで描いた細い線や点などの軌跡は、ロウや糊で防染することで明瞭に表れ、達成感を味わえます。子どもにとって“布を染める”という技法は、手順を理解し、その工程を経て予測を超えた色や形が表れてくるという新鮮な体験となります。
完成した布絵は壁面に飾るだけでなく、室内のほか、運動会など戸外の空間を演出するために用いることができます。

クレヨンで描いた4歳児の作品

洗濯糊を使った3歳児の作品

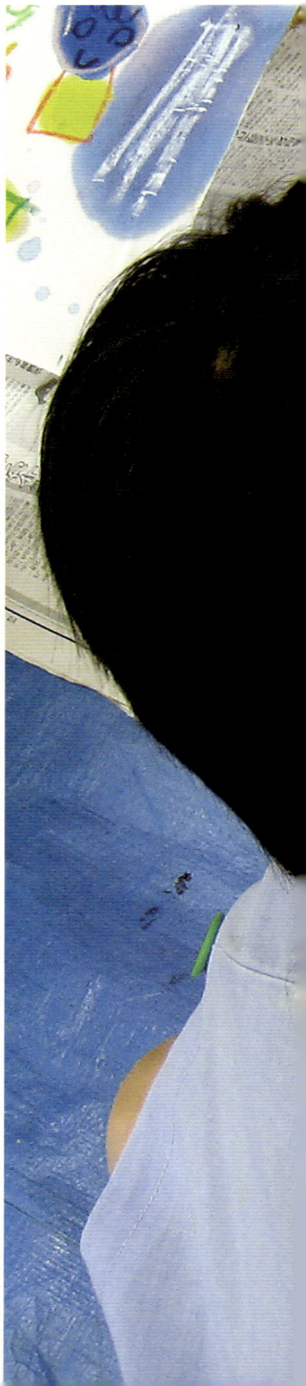

洗濯糊を使った3歳児の作品

ロウを使った作品

ロウを使った作品

手描き防染剤を
使った作品

✔用意するもの

- さらし布：約30〜35cmに切る
  ＊台紙（厚紙）にスプレー糊（貼ってはがせるタイプ）を吹きつけ、布を貼りつける。布は、紙より描きづらいので、ずれないように固定する
- 描画材：クレヨン、油性ペン（濃色）
- 染色材：水溶性樹脂顔料・アクリル絵の具
- 防染材：ロウ・手描き防染剤（糊系）・洗濯糊（CMC系）またはアルギン酸
- 筆：ロウ用（防染用）2〜3本・染色用多数
- ロウ溶解用ポット：ロウを溶かして一定の温度に保つ
- チューブ容器：洗濯糊で糊伏せする際に使う
- 霧吹き：糊伏せのあと、全体を単色に染色する際に使う
- アイロン
- 新聞紙

伸子（45cm）：2本1組として使う

- 竹ひごの両端に針がついたもので、布を張るために使います（竹ひごの長さは、布幅に対して、1.2〜1.5倍の長さが必要です）
- 初めて使用する時は、乾いた布で「からずり」するか、お湯に浸して、少しだけ「弓なり」にしておく

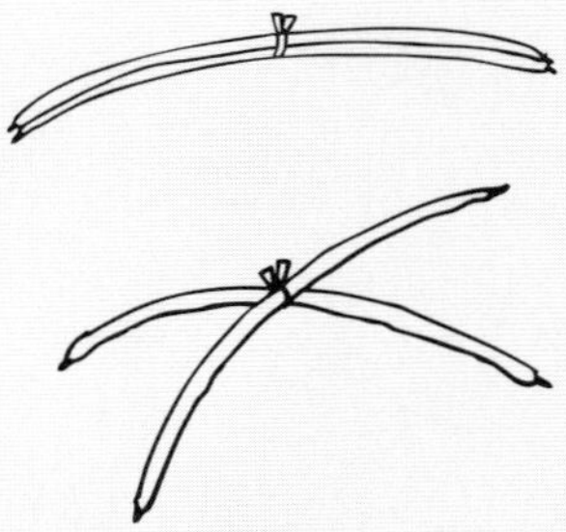

2本の伸子の真ん中を
ひもでしっかり結びます

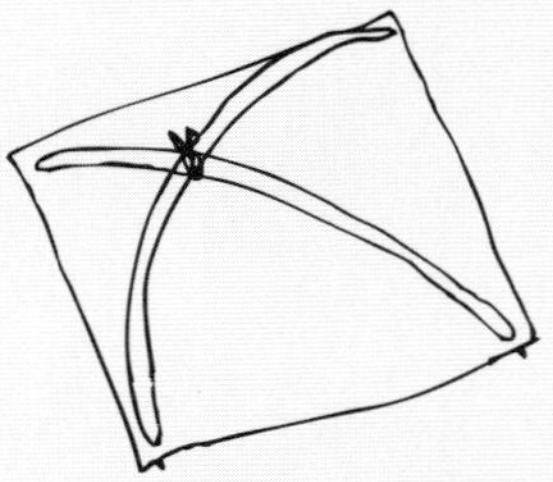

伸子を開き、1本ずつ
布の四隅に針を刺します

作り方

クレヨンで描く

クレヨンは染料を弾くので、描くと同時に防染することになり描いた形がそのまま表れます。

1. 台紙に貼ったさらし布にクレヨンで線描します。
2. 台紙から剥がし、当て布をしてアイロンをかけ、クレヨンを定着させます。
3. 2の布を新聞紙の上に置き、水溶性樹脂顔料やアクリル絵の具で筆描き着彩します（伸子がある場合は伸子で張ると、染料が無駄なく使えます）。
4. 新聞紙から布を外し、乾かしたあと裏からアイロンをかけます。

ロウを使う

ロウ伏せした線はクリアに残るので、線の勢いや躍動感がそのまま表れます。

1. 台紙に貼ったさらし布に油性ペンで線描します。
2. 布を台紙から剥がし新聞紙の上に置き（または伸子を使用）、線描の上に、溶かしたロウを筆で置き、防染します（ロウ伏せ）。
3. 水溶性樹脂顔料やアクリル絵の具を用いて筆

描きで着彩します。ロウ伏せした上に染料がついた時は、染料が乾く前に濡れふきんで拭き取ります。

4. 染料乾燥後、新聞紙に挟み、アイロン（高温）をかけてロウを吸い取ります。これを2〜3回繰り返します。

手描き防染剤（糊系）を使う

ロウより簡便に防染できるので集団での制作が容易です。

1. 台紙に貼ったさらし布に油性ペンで線描します。
2. 布を台紙から剥がし新聞紙の上に置き（または伸子を使用）、線描の上に、手描き防染剤（糊系）を筆でのせ、防染します（糊伏せ）。
3. 防染剤乾燥後、アイロンをかけます。熱を加えることで、防染剤が定着します。
4. 水溶性樹脂顔料やアクリル絵の具で着彩します（筆描き）。

5. 染料乾燥後、アイロンをかけます。染料が定着します。
6. 手描き防染剤（糊系）を洗い落します。

洗濯糊を使う

筆を使わなくても地塗りが容易にでき、年齢が低くても可能な方法です。

1. 台紙に貼ったさらし布に油性ペンで線描します。
   ＊布に描く場合、3歳児は、クレヨンより油性ペンのほうが扱いやすいでしょう。
2. 布を台紙から剥がし、伸子で張ります。伸子がない場合はアクリル板などにテープで裏止めします。
3. 洗濯糊（CMC系）をチューブ容器に入れておきます。線描の上（またはその他のスペース）に糊を絞り出して防染します。
   ＊糊を絞り出すことで、防染した線描がクリアに表せます。

4. 水溶きアクリル絵の具を霧吹きに入れ、糊が乾燥する前に布全体に絵の具を吹きつけます。

5. 絵の具が乾燥したら、糊を洗い落します。

POINT! ポイント

布に描く絵は年齢に応じた方法を選ぶことで、3歳児でも自分流の描画ができます。それぞれの発達段階の子どもの線描の絵は室外の光を通して鮮やかに見える旗になりました。これらは運動会の万国旗のように野外に飾ることもできます。

小さい絵

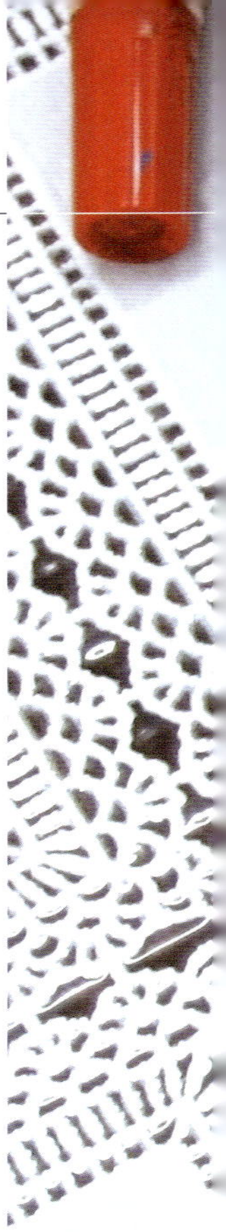

子どもたちの作品展（みんなのアートワークショップ展、p.98参照）のために考えた作品です。
展示会場中央部分に設置したインスタレーションの木の空間構成のために、テグス（釣り糸）で吊るす造形物として、小さくとも存在感のある愛らしい絵を作ることにしました。この題材は、来場者が参加する展示会場でのワークショップとしても行いました。希望者に、小さい絵をひとり1枚（二つ折りの小さな紙の両面に描く）作ってもらい、それをコーナーの天井から、数人分を1本のテグスで繋いで吊るす企画です。

✔用意するもの

材料

- 画用紙：黄色・ピンクなどの淡色の画用紙を小さめにカットして二つ折りにし、縦長、横長のものを用意する
- 油性ペン、色鉛筆：12色以上あるとよい
- 水性顔料ペン：12色以上あるとよい
- テグス
- 両面テープ：小さい絵を縦に何枚か繋ぐ時、絵の下側を閉じる

用具

- ハサミ：1人1本

作り方

1. 二つ折りにした手のひら大の紙を選び（色、形、大きさなど）、折り目を上にして油性ペンや色鉛筆で好きな形を描きます。題材は鳥、虫、花、魚、人など。
2. 描いた形の周囲を、上側の折り目を3分の1くらい残して、絵に合うようにカーブした形に切り取ります。四角形の紙より優しい、さまざまな形が生まれます。

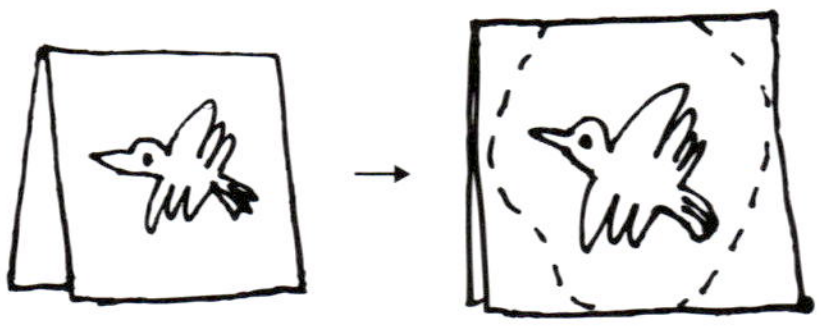

3. 二つ折りの紙の両面に描きます。
4. 絵の上部、二つ折りの部分にテグスを通して結び、輪にします。
5. 天井（壁の場合も）やインスタレーションの木から吊るしたテグスなどに繋ぎます。1本の

テグスに数枚の絵を繋いでいく時は、テグスの輪をすでに吊るしてある二つ折りの絵の内側に入れ両面テープで留めます。

POINT! ポイント

小さい絵は、大きい画面に向き合う時の緊張感なしに、思いついた形や構成を短時間で実現できます。ひらめいた形や色が、小さくとも強い意志表現になり、独自性は十分に発揮されました。一人ひとりの主張のこもった愛らしい絵の数々は、みんなのアートワークショップ展の会場中央部の空間に、キラキラ光るアルミ線の造形などとともに吊るします。

* これらの作品はすべてテグスで吊るしましたので、強い視覚的な存在ではなく、しかし、確かに空間を支配して、優しくて繊細に豊かな情景を作り出し、目を凝らしてよく見ずにはいられない展示空間を演出できました。
* 展覧会場で来場者が制作したものは、入り口近くのコーナーあたりに順次吊るしました。展覧会が七夕の日から始まり、また七夕飾りを連想するような題材でもあったので、大人の参加者の場合は、竹に短冊を吊るした図柄がいくつかありました。また向日葵や朝顔の概念的な図柄が多かったのは予想以上でした。制作の方法だけでなく、アドバイスを適切にしていれば、小さな絵だからこそ新たな自分を発見できる挑戦のチャンスとなり、結果はかなり違ったでしょう。
* 展覧会会期中の来場者に参加してもらうには、一定の日時を決めて行うほうがよいかもしれません。そうすれば支援者が十分に関わることができるからです。

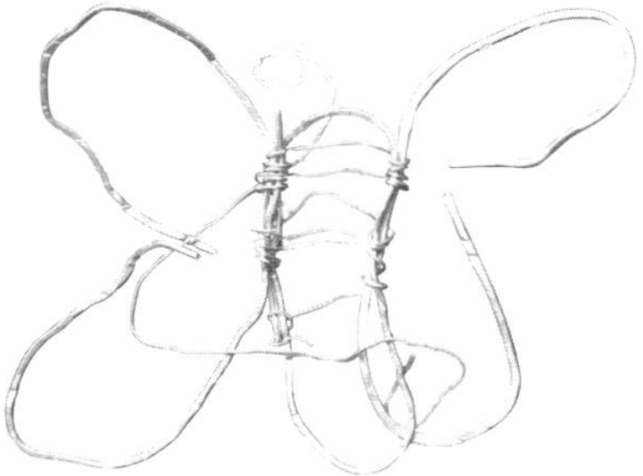

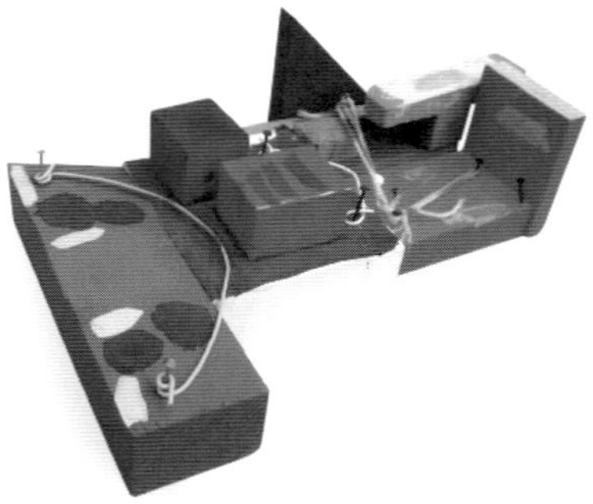

Ⅲ 立体的な表現

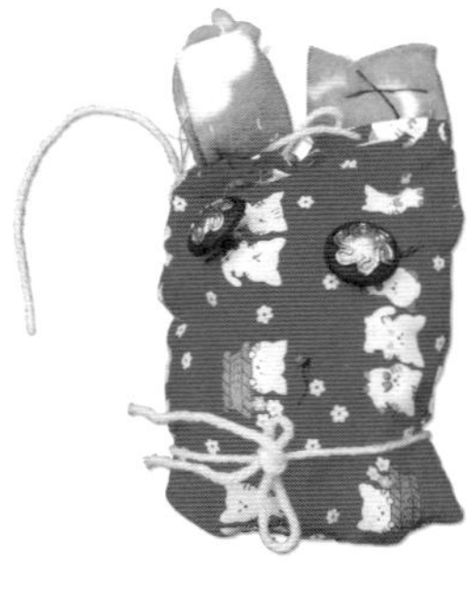

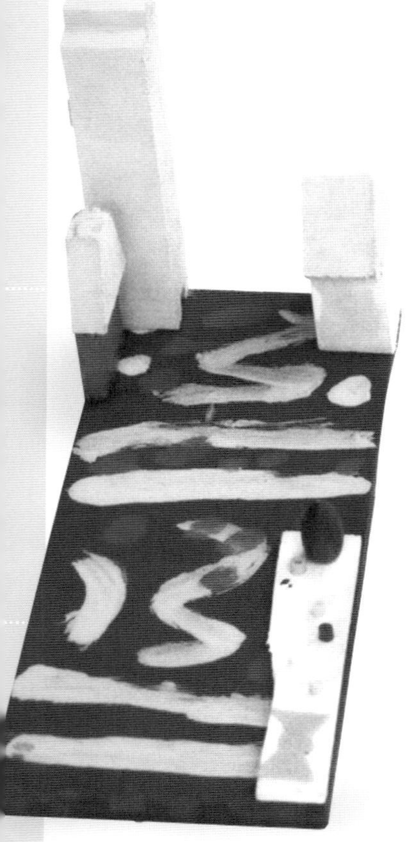

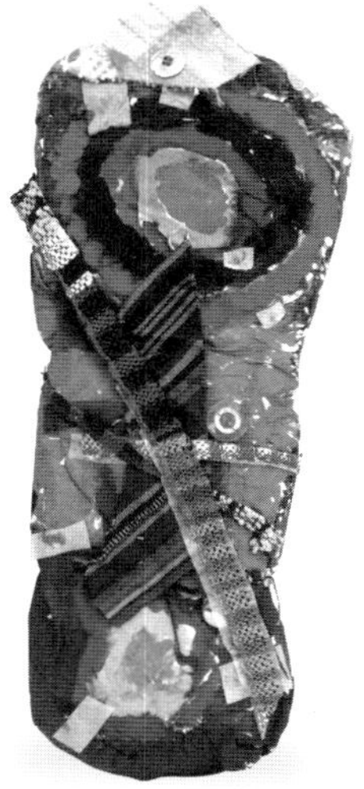

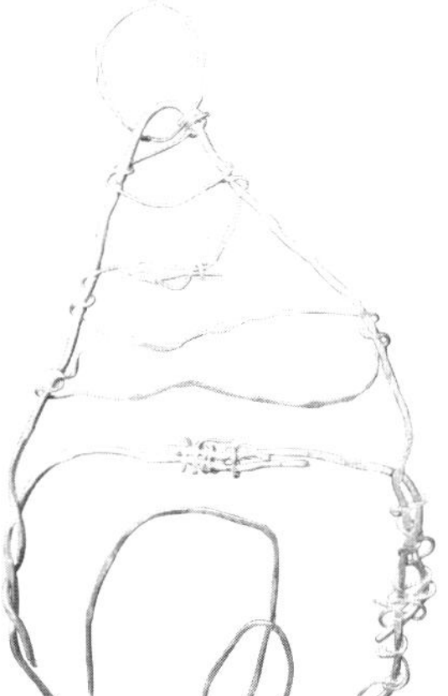

木片や木端を使って

新築建材の端材は大きさも形も不揃いで、温かくて変化のある材質感や、木の肌合いの美しさがあり、魅力のある造形材料です。
偶然の形体を探したり、選んだり、それらを組み合わせたりすることは、既製品の積み木とは違う自由さと楽しさ、イメージへの刺激があり、木の量感が子どもたちの造形意欲をかきたてます。
さまざまな形と色の木片が大量にあり、他の材料も合わせて使うこともできる手ごたえのある表現活動は、子どもたちにとって刺激的な題材です。

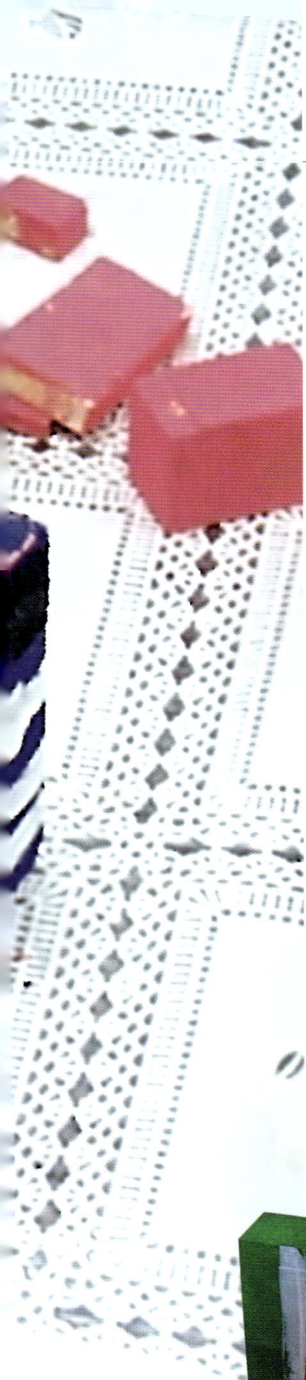

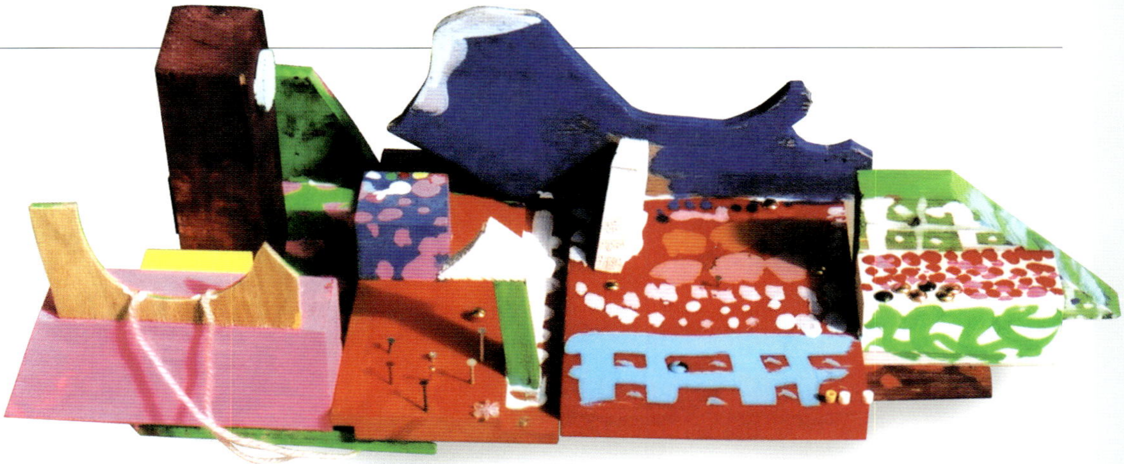

✔用意するもの

材料

- 木端、木片：いろいろな大きさ、形のものを集めておく
- 紙ヤスリ
- アクリル絵の具
- 木工ボンド
- 釘・端切れ・ひも類・リボン・レース・針金など

用具

- 電動糸ノコ
- 刷毛
- 筆
- かなづち

作り方

1. いろいろな形の、たくさんの建築端材や木片を集めて少しヤスリをかけておきます。
2. 小片の板などは、介助すれば子どもたちでも電動糸ノコで切ることができ、木片の形が変化します。

3. アクリル絵の具で刷毛塗りして、さまざまな色の木片の小立体をたくさん作ります。

4. 自由に形や色を選んで組み合わせ、木工ボンドで接着します。

✻何かのイメージが生まれたり、何かに見立てたりしますが、具体的なテーマがなくとも、さまざまなデザインの立体構成になります。

5. アクリル絵の具や、いろいろな色や形の布の切れ端、リボン、ひも類、釘類などを使って、描く、貼る、打ち込む、巻くなどして飾り、コラージュします。

POINT!

ポイント

いくつかの木片を並べたり重ねたりすることで、視覚的な意外性や面白さから想像力がかきたてられます。

✻最初のひらめきから始まり、素材からの刺激によって、作りながら形が変化して、空間に形が生まれ、存在感のある独自の楽しい立体造形が出現しました。

アルミ線で作るキラキラ飾り

アルミ線は針金より柔らかいので年長組の園児も、クルクル、クニャクニャと手を動かして自由に形を作ることができます。それをかなづちでトントンと叩けば、空間に線描するように形を固定することができます。

いろんな工夫のキラキラ飾り

透明な色（赤・黄・緑・青）のおはじき状のプラスチックを、細いアルミ線で巻いて固定し、ひとり１個ずつ、キラキラのアルミ線の造形に組み入れました。それを花の形の中心の位置に組み込んだり、作った形から外へ飛び出すように付け加えたりして、立体感のある形もできました。

＊アルミ線を全面的に叩くと平面的なレリーフ状の形に固定されますが、繋ぎ目や一部を叩くだけなら、曲げられる部分を立体的にふくらんだ形にすることもできます。アルミ線は曲げやすく形は自由になります。

＊歪みやすく、はかない細い線であっても叩いた部分は、形が固まると同時に微妙に線の表情と輝きが現れ、変化し、さらに偶然性も加

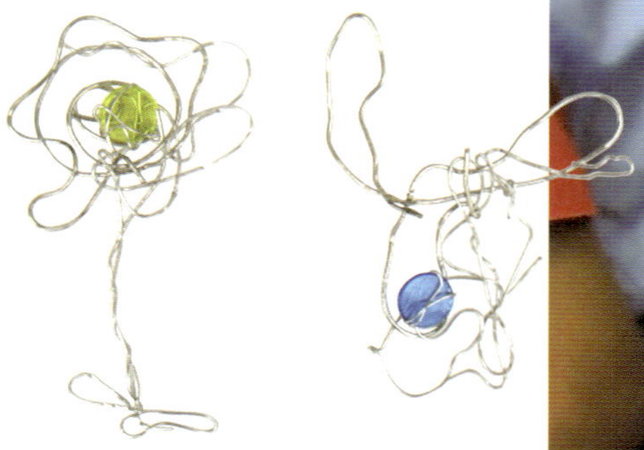

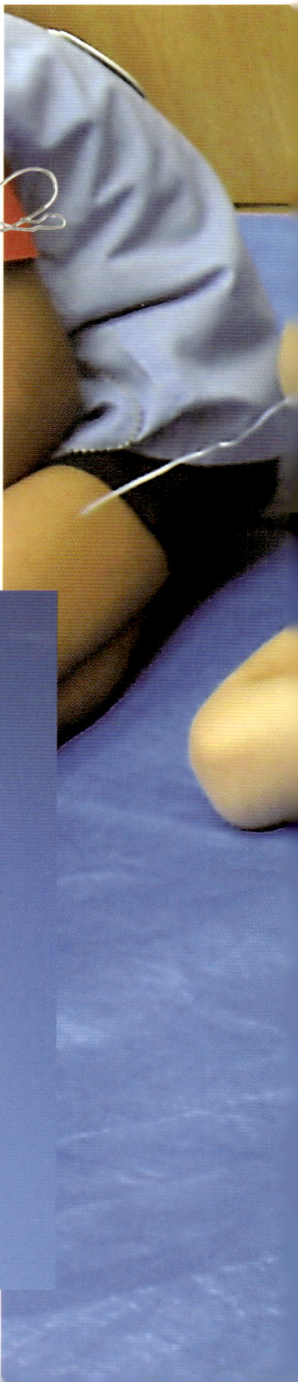

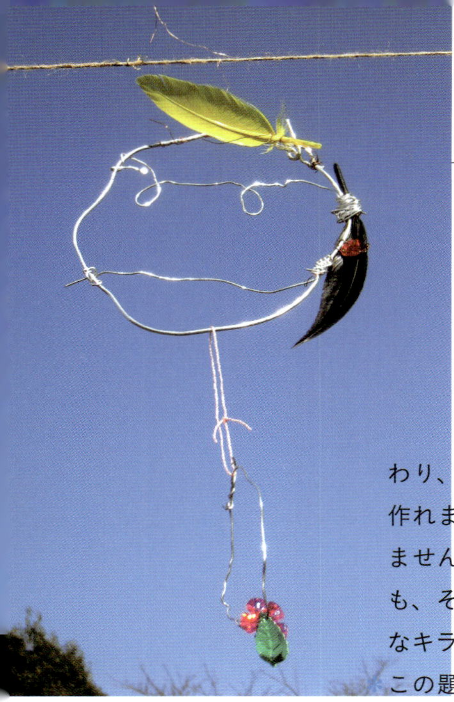

わり、誰でも予想を超えた「自分の作品」を作れます。子どもたちはなかなかうまく叩けません。しかし形全体をきれいに叩けなくとも、それだからこそ、生き生きした表情豊かなキラキラ飾りになるのです。

この題材は、シンプルでも、小さくても、何本かのアルミ線を組み合わせることで象徴的なイメージを持つ作品ができます。園児の場合は、大人のようにはっきりとわかる具体的な形にはなりませんが（たとえば自転車というように）、組み合わせた形がブラブラと動くもの、平らでない構成、色の飾りをつけたものと、存在感のある不思議な楽しい作品になりました。「またやりたい」、「今日、家に持って帰りたい」という声も多く、みんなの好きな題材になりました。

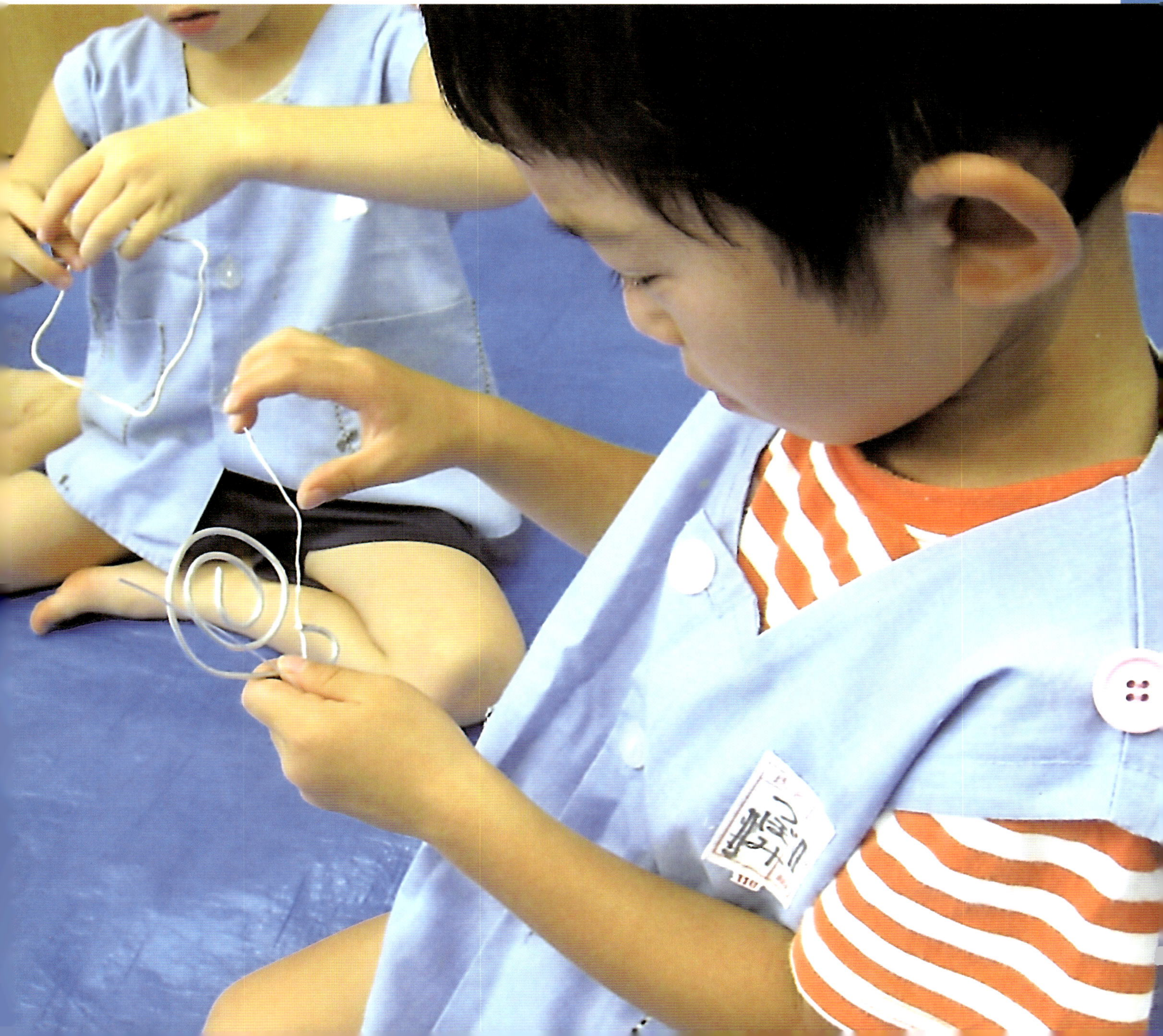

✔用意するもの

材料

- アルミ線：1mm、1.5mm、2mm 、2.5 mm（3mm）の太さのアルミ線を30cm程度に切っておく

用具

- ペンチ：2〜3人に1個
- 金床：小型のものを4〜5人に1個。（板状のものと台状のものがある）

金床（アンビル）

- かなづち：4〜5人に1つ
- ニッパー

作る前の注意

用具の使い方と素材の面白さを教えます。

ペンチの使い方

アルミ線を小さく丸める時、先端や急角度で曲げる部分をペンチの先で挟んで、手首をひねって曲げる方法を見せます。必要に応じて教え、はじめは手を添えて体験させます。

アルミ線の造形

アルミ線でどんなことができるのか、いろいろな曲げ方を試して子どもたちに見せます。アルミ線で作った形をかなづちで叩くと形状が固定することを理解させます。

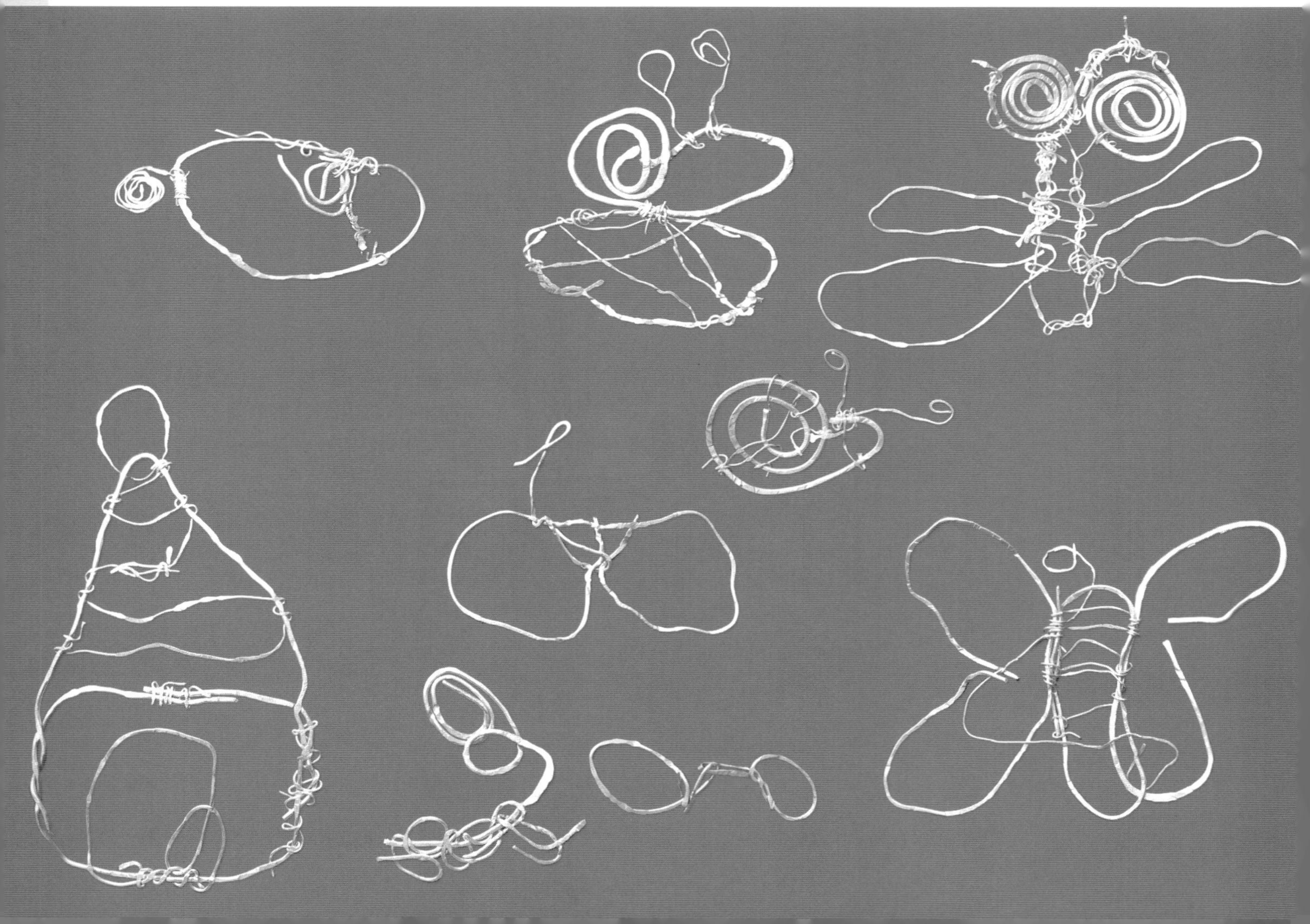

作り方

1. 扱いやすい長さ（約30cm）のアルミ線を曲げて自由に形を作ります。さらにアルミ線を加える時は、ペンチを使うなどしてどこかに線を絡めてから形を作ります。
2. 形ができたら金床の上に置き、かなづちで真上から打ちます。押さえる手を叩かないように注意します。

POINT!
ポイント

＊幼い子どもが太いアルミ線を扱うのは、かなり手指の力を必要とし、形を作りにくいので（とくに女子）、最初は2～2.5mm以下のアルミ線を使います。こうすると成形が楽にできます。

＊ごく細いアルミ線を早めに作業に加えて組み合わせて使うと繊細な表現ができ、より複雑で微妙な手先の動きが形に表れます。太めの3mmのアルミ線で作ると、銀色に光る形がより存在感のあるものになります。

1～2時間の経験で、アルミ線を巻いたり、曲げたり、叩いたりと自由に扱いながら工夫し、次第に独自の形を作るようになります。

＊ニッパーはほとんど必要ない長さのアルミ線なので、ペンチだけ積極的に使うよう指導しました。子どもたちは、はじめての材料や用具に挑戦し、徐々にその特性に気づき、手指の使い方も少しずつ学習しました。

＊トントン叩くことで、アルミ線の材質や形状が変化し固まることは新鮮な体験となりました。次にはこうしたいという意欲が生まれ、2個目、3個目には、繋いで大きくしたりと、作りながらイメージが明確になり、それぞれのやり方で複雑な形が生まれました。

自然の素材を使って

A

木の枝や花、松ぼっくりなど自然の素材を使い、その他のさまざまな副材料を加えて、巻いたり、組んだりする表現です。実用的なものも作れますが、もっと自由に、収集した素材を中心に独自のものを創作できます。子どもも大人も、いろいろな感触の素材に触れ、曲げたり、組んだりしながら、形を発見する喜びが得られるでしょう。
自然素材の中から探し、選び、空間を構成すること。この行為を通じて、手指のコントロールや意思決定力も高まります。事前の計画や意図なしに、ごく自然に材料を手にして試行することでアイデアが湧き、新鮮な気持ちで楽しい表現ができます。

Aでは、自由な材料選択と、自由な空間構成がテーマでした。完成した作品は吊るすものになったり、花飾りになったり、時には飾った花を差し替えたりできるものになりました。Bでは、植物で枠の形を作り、布ひもやリボン、麻ひもなどで織るという課題です。同じ大きさの四角い木枠ではなく、さまざまな形や大きさの枠になるような材料を用意します。

B

A

✔用意するもの

材料

- 自然素材：小枝・蔓・ドライフラワー・枯れ草・木の実・花や葉など
- その他：紙・布・ひも・リボン・モール・毛糸・細い針金など

用具

- ハサミ：1人1本
- ホッチキス
- 木工ボンド
- 大人用として：ペンチ・ノコギリ・きり・剪定バサミ

作る前の注意

＊道具の使い方、材料の固定、接着の方法は子ども一人ひとりの希望にそって援助します。

＊子どもが使いやすい材料の、ひも・針金・毛糸などは使い方や分量を制限せず、それが主材料になってもかまいません。

作り方

1. 集めた材料は種類別にダンボールに整理し、部屋の中央に並べて置き、選びやすくします。
2. 3本以上の枝が集まると空間が現れること、床面にも立てられること、蔓やひもを絡めると自由に構成できることを教え、リースなどの固定的なイメージを与えないようにします。
3. 材料置き場から自由に材料を選んで組み合わせ、モール状の針金や布ひも・毛糸などで枝や蔓を固定し、さまざまな材料を組み込んだり飾ったりします。
4. シンプルな構成、複雑なもの、立体、平面的な形と、いくつ作ってもかまいません。

POINT!

ポイント

＊幼児の場合、立体的な構成は難しいと思われたので、平面的でもいいし、1本の枝に花びらやリボンなどの単純な組み合わせでもいいことにしました。それぞれの子どもが希望する方向で、何らかの構成ができた時の喜びや達成感を味わうことが目標です。

＊全員が熱中し、思いがけない形になっていく発見を楽しみました。発達全般の個人差はあっても、経験から一歩一歩学んでいくことが大切なので、一人ひとりのレベルでの表現が精いっぱいできればよいのです。

＊単純であっても、納得のいく形が生まれ、それを決定する子どもの意志が明確になった時、誰でも感覚的な美しさを見つけることができます。材料のさまざまな形や色、材質は子どもたちのイメージを刺激し、象徴的な表現を意図できる年長組の能力を十分に発揮できました。それは、このような表現行為をすることによって発現します。

＊ねじる、曲げる、巻く、などの手指の動作、力のコントロールなどを必要とする今回のような造形課題は楽しみながら手指の巧緻性を高めます。

✔用意するもの

材料

- 枝や蔓で作った枠状の形：1人1個
- 小枝・蔓
- 麻ひも・布ひも・毛糸・リボン
- 木の実・ドライフラワー・モール・ボタンなど

用具

- ハサミ：1人1本
- 大人用として：ペンチ・ノコギリ・きり・剪定バサミ

作る前の注意

＊幼児にとって、この技法は知的な課題であり集中力が必要です。その上、不定形の枠の木枝は平面的とは限らないので、枝や蔓が曲がったり、飛び出したり、交差したりと複雑です。そのため、織りの工程に時間をかけることになるので、最小限度の枠組みはある程度事前に準備します。

＊小枝や蔓の自然物を使って枠状に閉じられた形を作り、さらに小枝をその形の中に付け加え、麻ひもなどでしっかり絡めて固定します。事前に用意します。

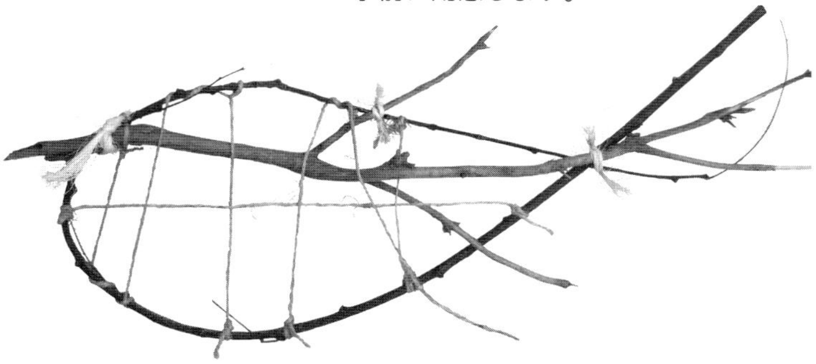

＊枝や蔓の分岐した部分などは取り除かずに残し、少しでも囲まれた空間があればよいという最小限の条件で材料を集め、最初の核になる小枠を作っておき、それを子どもたちが選んで使うことにしました。

作り方

1. 毛糸やひも類を交互に組み合わせて織ったり、枝の間をくぐらせたり巻いたりして、小枝の空間をひも類である程度埋めていきます。部分的にでもよいし、また、枠の内側からはみ出した部分に巻いてもよいのです。
2. 子どもたちは、小枝の枠のどこかに好きな色の布ひもを結びつけ、ぴんと張ってくくりながら、次々に枠にひもを渡していきます。この時、渡したひもが動かないように、一重結びをしてから次に進める方法を教えます。
3. ひもは平行に張らなくても、ある程度の密度に絡めた状態で張りがあればよく、2本目3本目と加わると次第に網目や織り目状の部分が現れてきます。あまりに空間が粗い（広い）時は、小枝などの材料を差し込んで、互い違いにひもの間をくぐらせたりして形を変えていけるよう助言します。
4. 最終段階になったら、モール・きれいなリボン・ドライフラワーや麦の穂・ボタン類などを用意し、自由に選んで使います。

POINT!
ポイント

＊最初に「織り」のイメージを固定しないようにしたので、網状、織り、結び、組み込む、飾るなどのさまざまな体験ができ、それぞれ違う楽しい形が生まれました。

＊ひも結びについて　一度でできる子、何回か援助して覚える子、「織り」の技法を意識して制作した子など、個人差はあったものの、2時間余り集中的に手指を使い、自分の発想で楽しく挑戦し、全員が存在感のある形を作ることができました。

はりぼて立体作り

ゼロから立体を作る体験は、子どもにとって空間認知力を高める題材です。新聞紙を丸めてかたまりにして、形の表、裏、側面を意識し、空間に存在する形を作ります。さらに絵の具で着彩したり、飾りをつけたりし、それぞれのイメージで、存在感のある面白い「飾るもの・吊るすもの」が生まれます。

✔用意するもの

材料

- 新聞紙
- セロハンテープ
- でんぷん糊（少し薄める）
- 和紙（障子紙）
- アクリル絵の具：赤・橙・黄・緑・青紫・茶・桃色のほか、それらの色を淡色にしたもの
- 木工ボンド
- 端切れ・毛糸・リボン・フェルトくず・ボタンなど

用具

- 刷毛
- 筆
- 手拭き用濡れふきん

作り方

1. 1回目の造形教室です。新聞紙を丸めて球状の立体を作ります。
   ＊はりぼては一定量の新聞紙を使い、ある程度大きいものを作ります。

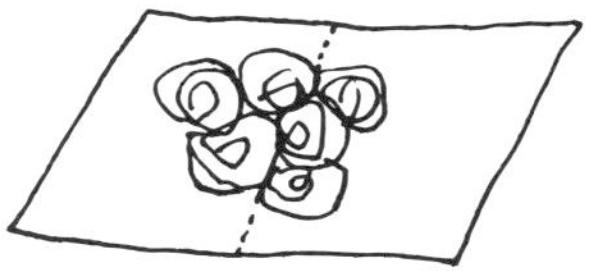

丸めた新聞紙
5～8個を広げた
新聞紙の上に乗せて
包み、かたまりを
作ります

端はセロハンテープで
留めます

もうひとつのかたまりを作って、繋げたり
形を変形させたりして、思い思いの形にします

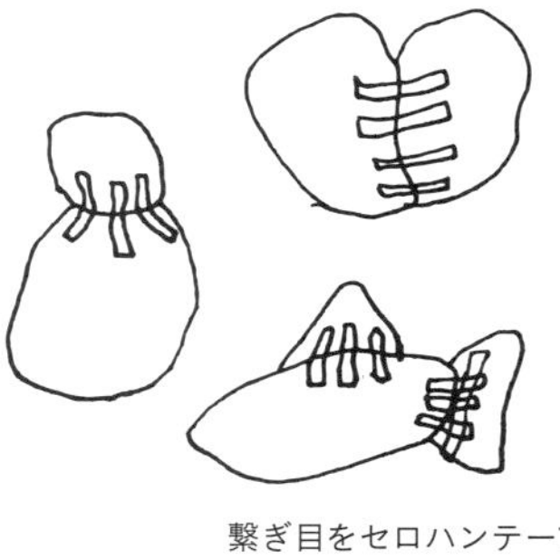

繋ぎ目をセロハンテープで
しっかり留めます

2. 和紙（障子紙）を全体に貼りつけ、しっかり乾燥させます。下の新聞紙が透けて見えないよう三層くらい重ね、繋ぎ目はとくに念入りに重ねます。

ちぎった障子紙に薄く溶いた糊を
刷毛で塗り全体に貼りつけていきます

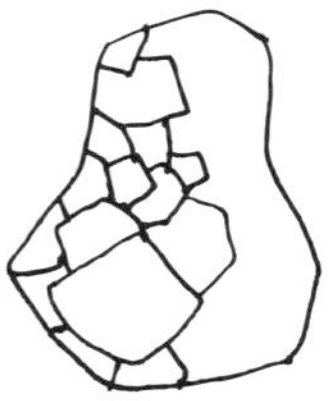

平らなところは
大きめの紙

へこんだりふくらんだり
しているところは
小さめの紙を貼ります

紙と紙は端を少し
重ねるように

3. 2回目の造形教室です。刷毛や筆で着彩します。全体に1色塗りで下地塗りしたあと、多色で分割塗り、図柄に塗るなど自由に着彩します。
   ＊下塗りは、貼った紙のしわや凹凸の部分にもきっちり塗ることによって、形やイメージを明確にできます。筆づかいを指導し、何回も塗り重ねるので、絵の具の塗り方も上達します。

乾かないうちに
重ね塗りを
しないように

1個の容れ物に1本の筆。
絵の具は少なめに入れます

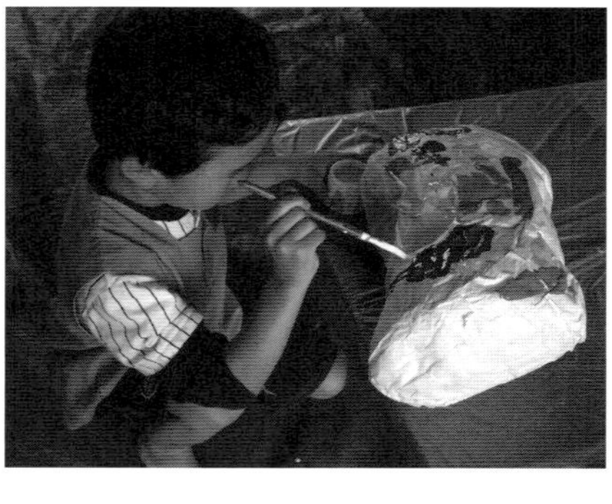

4.3回目の造形教室です。はりぼての絵の具が乾いたら飾りをつけます。着彩の修正塗りや、その他の材料を選んで木工ボンドで貼りつけるなど、自由にイメージして作ります。生き物や天体、乗り物などを表してもいいし、題名はなくても、形や色を感覚的に直感で決めてもよいのでテーマはまったく自由です。今回は、魚・飾りのある地球・だるま・目玉模様・新幹線などを作りました。

✻作りながら、さまざまに方向を変えてはりぼてを見ることになります。立体としての認識が高まり、努力の結果、達成感を味わうことができます。

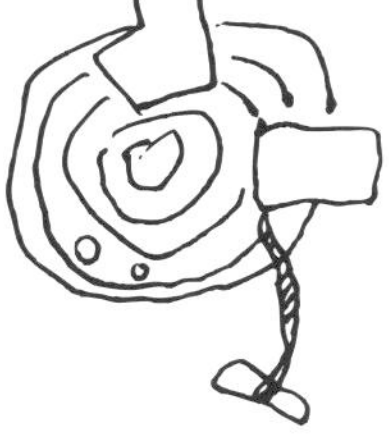

木工ボンドで布、毛糸、ボタンなどをつけます

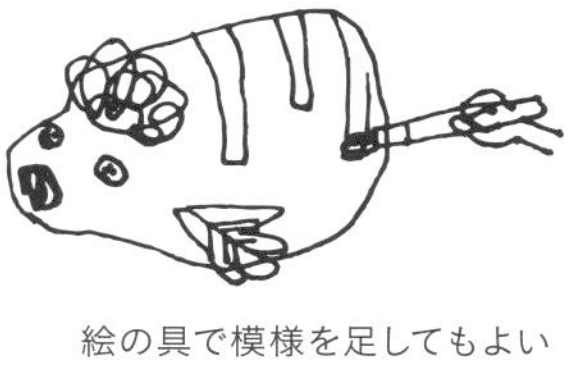

絵の具で模様を足してもよい

POINT!
ポイント

✻子どもたちは、ちょっとした刺激や励ましで創作意欲を高めます。幼くとも、立体の感覚を体験することができ、さまざまな質感や色や形、偶然の出会いと発見があるでしょう。大きな立体の実在感と確かな手ごたえによって、何もないところから、「ひとつのもの」を作りきった満足感と自信を得ることができます。

✻必要な技術の指導はしますが、テーマも使う材料も、子どもたちが自分で決めて創作します。立体の形全体で何かテーマやイメージを表してもよいし、立体の1面を画面として何かを描いてもよいのです。

✻一体どんな結果になるか、指導する側もはっきりと予見できない題材です。しかしアートの企画者には、その曖昧さに耐え、漠然とした目標であっても実践したいという挑戦的な思いが必要です。子どもたちはそれぞれの制作に熱中し、やりたいことを見つけ、発展させて不思議な造形を作ります。子どもの想像力の逞しさが示されました。

紙の人形

幼児期の子どもたちは、それぞれの発達に見合ったボディイメージを描くことができます。同様に、紙（薄ボール紙）を切って人の形を構成することもできます。紙で身体の各部を作り、ホッチキスで組み合わせていく過程では、線画よりも身体像を強く意識することになります。この制作経験は、次の課題「布の人形」の導入にもなります。

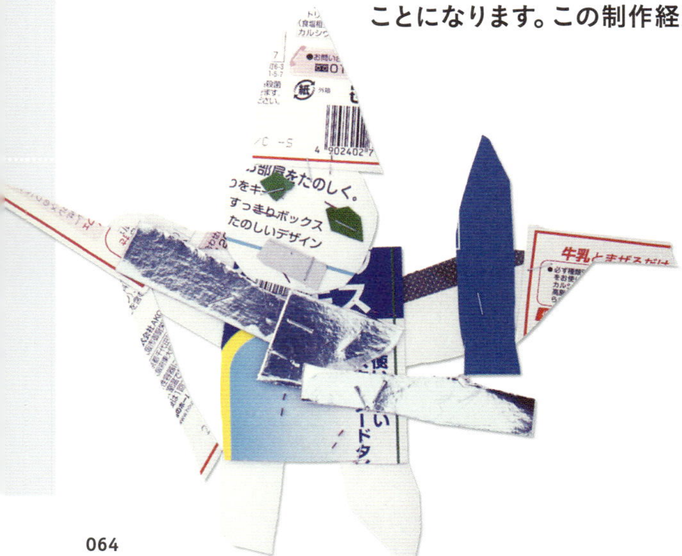

kiss them crunch
them • seduce them
them down the
them • melt them in
your mouth • chomp
devour them
Mother's Day
5co

Ⅲ 立体的な表現

MON
CAFÉ

Cook Do
豚肉とキャベツのみそ炒め
回鍋肉

ロイヤルミルクティー

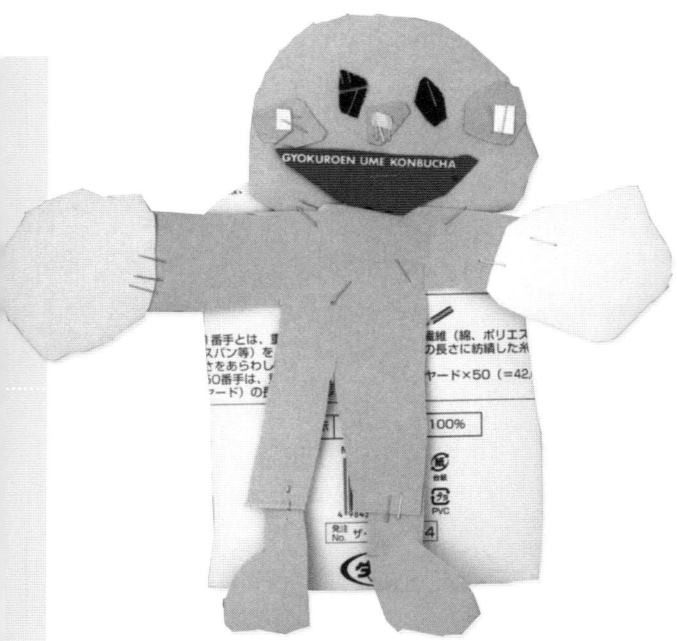

✔用意するもの

材料

- 薄ボール紙：菓子箱など（または工作用紙）
- 色紙や包装紙、その他貼り絵用の紙類・毛糸など

用具

- ハサミ：1人1本
- ホッチキス：2〜3人に1個

作り方

1. あらかじめ使いやすい大きさに切っておいた薄ボール紙で、頭部、胴体、手足などの各部を直接ハサミで切って作ります。鉛筆での下描きはしません。
   ✻形を描かないと切ることができない子どもは自分で形を描いて切ります。
2. ホッチキスの使い方を指導します。指先の力の入れ方、両手で押す方法、失敗したホッチキスの芯は決められた箱に入れるなど。
3. 身体の形ができたら、頭部、顔、衣服や靴などを、カラフルな紙や毛糸で表現します。空き箱の図柄をそのまま使ってもよいでしょう。

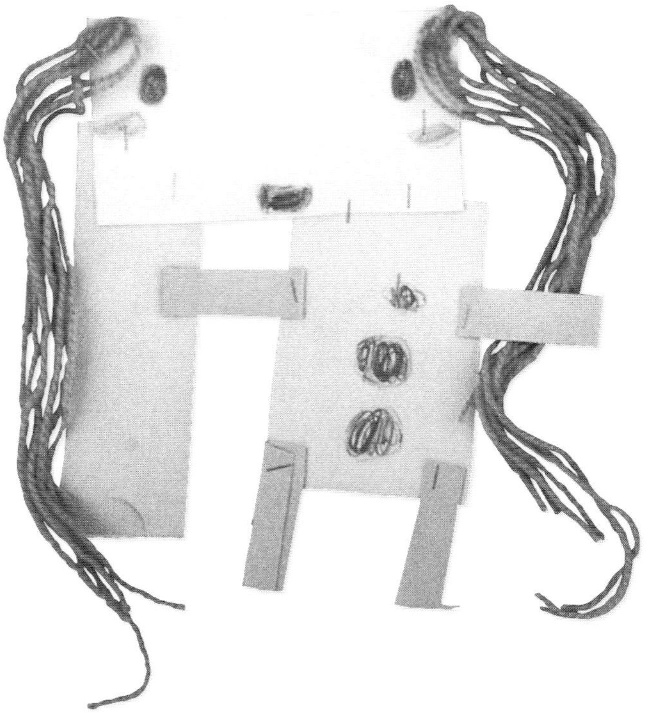

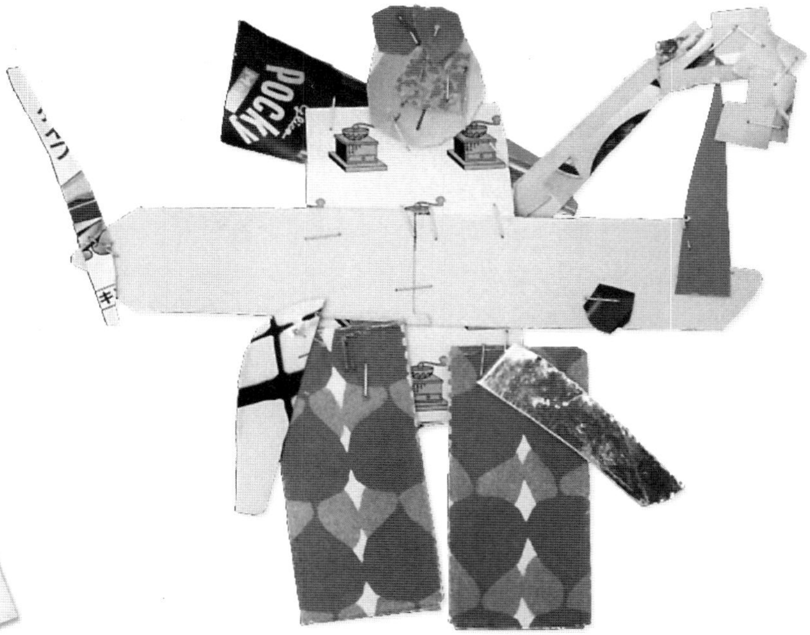

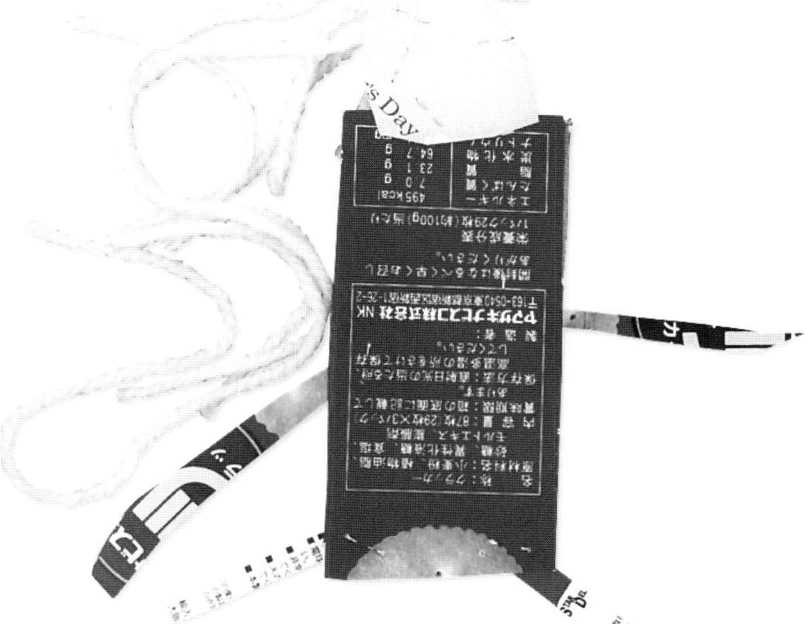

POINT!

ポイント

おおまかな形から徐々に細部を表すことができ、廃物利用の空き箱の色や図柄も上手く利用して独自の身体像を表すことができました。

布の人形

前回の造形教室では、薄ボール紙で身体像を平面的に表しました。それぞれ自分流に表現できたので、次に糸と布を使って、できるだけ立体的な布人形を作ります。布を切る、針を使うなどに挑戦することが技術的なポイントになりますが、子どもたちに好奇心と集中力があるので可能と考えました。
ボディイメージは複雑そうに思われますが、子どもにとっては、もっとも身近(分身)な取り組みやすいテーマなので興味と意欲が持てます。身体各部を意識して自分のイメージを明確に表現します。

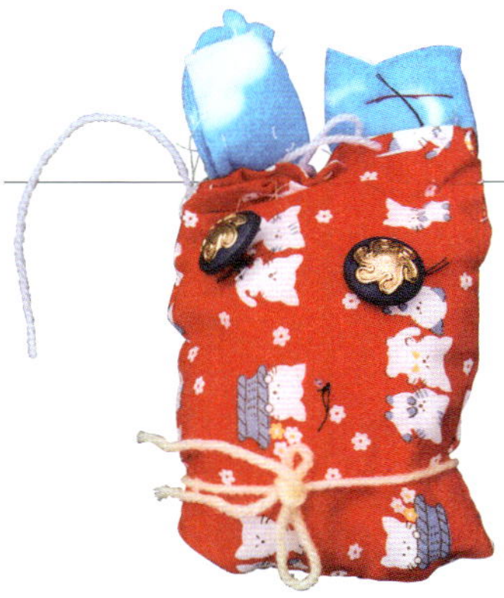

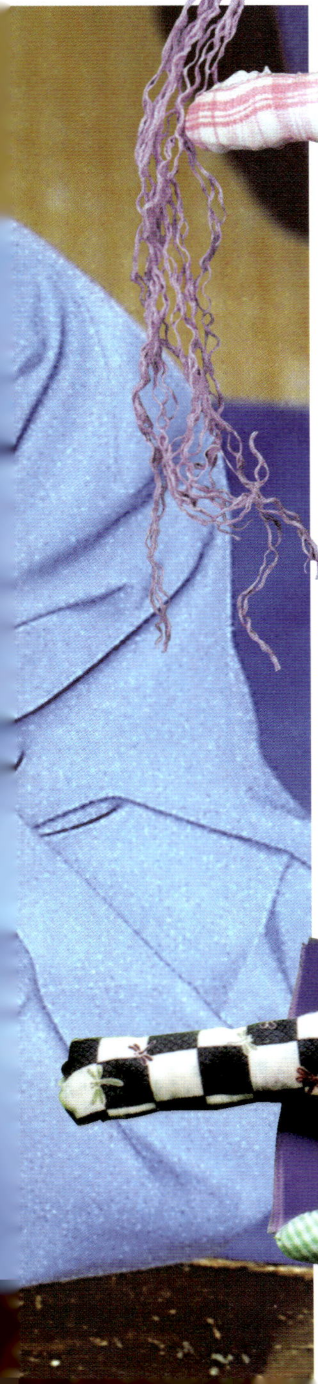

✔用意するもの

材料

- 布：約25×20〜25cm（胴と頭部用）、約10〜15×10 〜15cm（手足用）
- 木綿糸：各テーブルに2〜3色ずつ
- わた
- 毛糸・ひも類：約80cmに切っておく
- 木工ボンド
- フェルト・羊毛・ビーズ・ボタン・レースその他

用具

- 針：1人1本。針穴の大きい刺繍針を人数分用意し、糸を通しておく
- 針山：各テーブルに1個、もしくは1人1個（台所用スポンジで代用できる）
- ハサミ
- わたを詰めるための割りばし
- 鉛筆かチャコペン

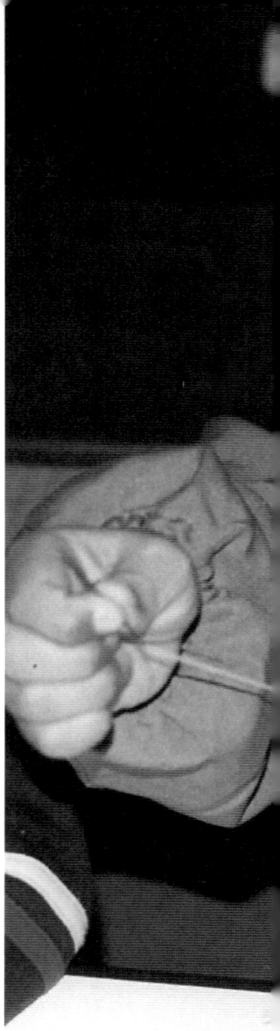

作る前に

＊子どもにとって大きすぎる布から形を切り出すのは難しいので、あらかじめ使いやすい大きさに切っておきます。

＊さまざまな色や図柄の布、糸、ボタン、リボンなど、かなりの種類と量の材料の中から、子どもたちは自分の好みにあった必要なものを選択します。

＊おおまかな作り方は、さまざまな手法による見本で示し説明しますが、身体の構成方法は子ども自身が決めます。手足等の組み合わせ、頭部と胴部の関係、髪飾りや服飾は各自が自由に表します。

＊針に糸を通す、糸・布・ハサミ・木工ボンドを目的に応じて使うなどの、制作に必要な技法を指導します。針の管理はとくに念入りにし、針山に刺しておくこと、作業の最初と終わりに針の本数を確認することが大切です。

作り方

1. 胴部を先に作ります。胴体の形は各自が決め、布を二つ折りにして2辺を並縫いで縫う方法を指導します。手足も同様に布を選んで縫います。鉛筆で縫い線を描いておくとわかりやすくなります。
   ＊頭部から作るほうが人間を作っているという目的が明確になりますが、幼児の場合、頭部と胴体が一体化した作りになる例も予測できます。また、大きな胴体部分を大まかに縫うことで、縫う技法を比較的簡単に習得できるでしょう。

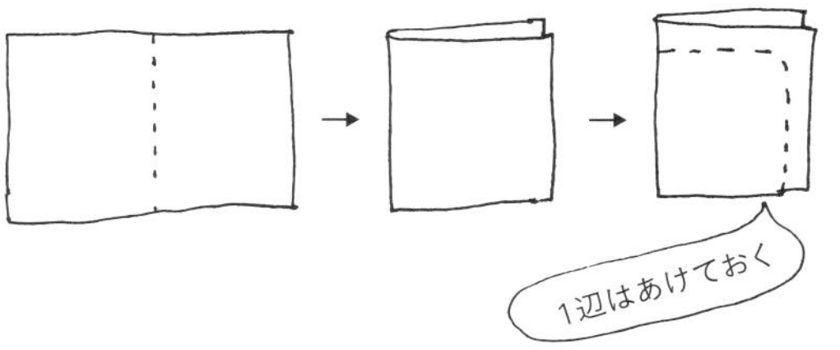

周りを1cm
残して並縫い

2. わたを入れ、口の部分を折り返して並縫いか、かがり縫いで閉じます。この時、袋状の布を裏返す方法を指導します。縫い目の出たままにしたければそのままにします。
   ＊わたは、あまり詰め過ぎないように注意します。詰め過ぎると手足などを縫いつけにくくなります。

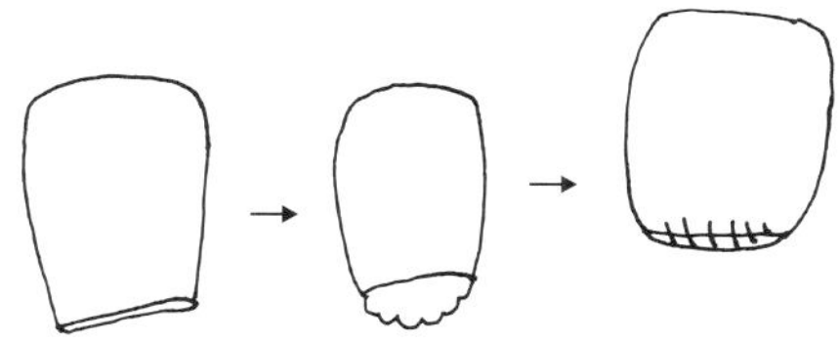

3. 頭部を作ります。胴体の一部分を頭部にしたい場合は、毛糸で強めに数回ぐるぐる巻いて絞り結びますⓐ。別に作って縫いつけてもよいでしょうⓑ。

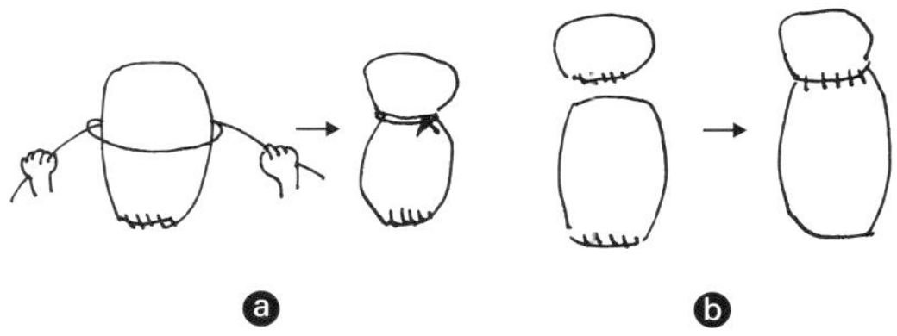

4. 手足を作って胴体に縫いつけます。
5. 頭部の象徴となる毛、衣服の象徴となるポケットやボタンは、用意した布やボタン、毛糸、フェルトなどの小片を木工ボンドや糸でつけます。

POINT! ポイント

＊布の人形作りは、はじめて経験するさまざまな技法を学習しつつ、オリジナルな身体像を作るというレベルの高い課題です。結果が予測できなかったものの、制作を始めたところ、子どもたちのイメージがだんだん明確になり、いろいろな色や材料を積極的に見つけて工夫し、結果としては、それぞれが独自の人形を作ることができました。

＊時間の経過とともに針に糸を通せる子どもが増えました。ひと針ひと針縫うために、布の裏表に針を交互に刺すことを覚え、多少の間違いはあっても、なんとか立体的な人の形ができました。子どもたちの学習能力と、少し困難な課題に挑戦する意欲は予想以上で、長時間集中して創作を楽しんだようです。

フワフワ布の人形「いきもの」

布の人形という同じ課題ですが、薄手の白い布にポリエステルわたを詰めるという技法で「いきもの」を作ります。頭部と胴体が一体化したもの、糸で繋いだもの、耳だけをつけたもの、手足をつけたものと、さまざまな形が生まれました。

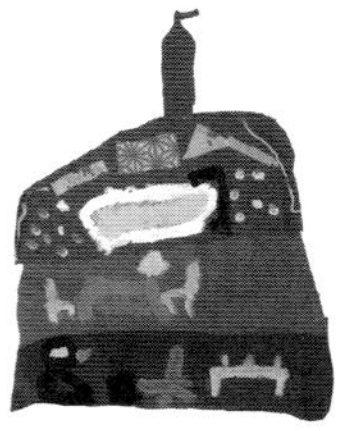

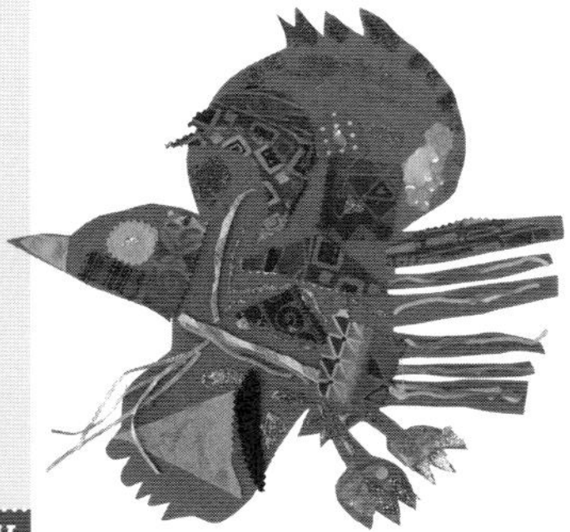

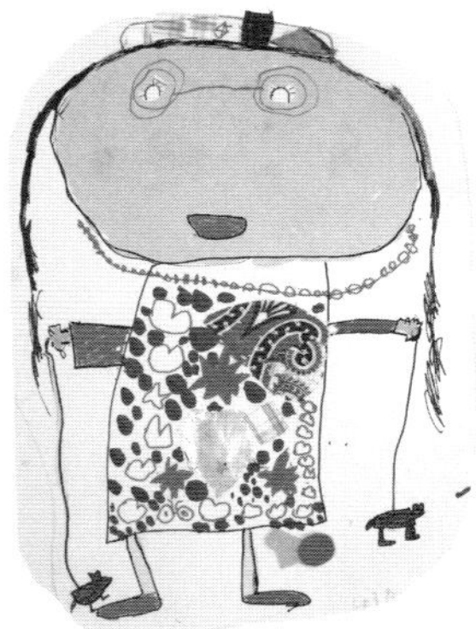

Ⅳ みんなの作品が集まって

青い鳥

わたしの住みたい家

おしゃれな人たち

大きな幡

足踏み版画と布コラージュによる布絵

青い鳥

卒園式などの室内空間を子どもたちの造形表現によって変貌させるために、毎年さまざまなテーマで大きな画面を構成し、壁面飾りとして会場正面に飾ります。
「青い鳥」をテーマとした壁面飾りは、スクリーンカーテン用のパリッとした青い布を用い、一人ひとりが自由に鳥の形を切り取り、さまざまな素材で装飾しました。完成した青い鳥を、柔らかい色調の布やレースを重ねた大画面にピンで留め、周りに布コラージュの花を散在させ華麗な雰囲気を演出します。

✔用意するもの

材料

- 大きい紙（型紙用）
- 油性ペン
- 青色の張りのある布（四つ切り画用紙程度の大きさ）
- 端切れの小片、リボン、ひも、その他
- 光る星などのスパンコール
- アクリル絵の具

用具

- ハサミ
- 木工ボンド
- 筆

（青い鳥を作るための材料です）

作り方

1. 通常の画用紙より大型の紙（カレンダーの裏でもよい）に油性ペンで鳥の形を好きなように描きます。あまり小さくなりすぎないように注意します。描いた形をハサミで切り、型紙を作ります。
   ＊子どもの描いた形を生かすため、できるだけ正確に切るよう指導します。難しいようなら大人が切ります。

2. 青色の張りのある布（スクリーンカーテン用）を、鳥の型紙どおりに切り取ります。個々に、絵の具で模様を描いたり、端切れの小片、リボン、ひも、光る星などのスパンコール、その他に布コラージュ用のたくさんの材料の中から、使いたいものを選んで木工ボンドで貼りつけ、それぞれ自分の好きなように鳥を表現します。

＊青い鳥がテーマなので、絵の具の全面塗りや、隙間なく飾ることはせず、素材の青い布地が見えるように作ります。

3. 子どもたちが作った青い鳥を貼るための大画面を作ります。大人の作業です。空間全体が春の雰囲気になるように構成します。3枚の布が重なり、一番上のレースの上に子どもたちの青い鳥を配置し、安全ピンで留めます（最終的には糸も使う）。

＊まず、床に不透明なスクリーンカーテン用の布を置き、薄紫や黄色のラッピングペーパーを雲のような形に切って配置し、布に糸で留めます。

＊スクリーンカーテンの上に、あり合わせのピンク系と黄色の薄布（シフォン）等を組み合わせ、糸で繋ぎ合わせて重ねます。

＊薄布の上にレースを重ねます。格子状の細かいレースを主体に、花模様のレースのカーテンの残り布等を剥ぎ合わせて広い画面にします。

4. 一番上のレースに青い鳥を配置します。適当に間隔をあけて無作為に、散らすように配置するだけでまとまりと動きのある大画面になります。

5. 花で装飾します。さまざまな色の不織布、和紙で裏打ちした薄い布、ラッピングペーパー、張りのある布を花の形に切って、青い鳥と同

様に、絵の具や端切れその他でコラージュし、鳥の周りに配置します。

＊花の形は鳥より小さいし、幼児の発達の過程で誰でも描いたことのあるマンダラ状の図形を描けばよいので、子どもたちでも装飾的なコラージュを作ることができます。

6. 今回は時間の都合で、あらかじめ花の型紙を作っておき、鳥を作り終わった子どもから順次、花のコラージュを作りました。保育士さんも加わり、みんなで作った花はレースの画面の周りに配置し、布テープをあしらって、華やかな布の大画面になりました。

7. 青い鳥と布コラージュで飾った布3枚重ねの大画面は、上部だけをしっかりと縫って、横棒を通して卒園式場の正面を飾ります。

POINT!

ポイント

＊テーマは与えられたものですが、自由に形を描きます。材料も豊富に用意したので、自分の意志でそれらを選択でき、個別性を発揮できました。

＊青い鳥を貼る布の側部と下部は縫い合わせず、切りそろえず、不揃いのままにします。レースの下の色布が少しはみ出して、自然な優しい雰囲気の空間になりました。

＊ブルーの鳥と、ピンクの布とレースによる大画面は、色と質感の異なる布の重なりの効果が加わり、独特な色彩の空間となりました。子どもたちの作った華やかなコラージュが引き立ちます。

わたしの住みたい家

卒園式のための壁面飾りです。子どもたちが作りたい「家」を自分流に表現します。厚手の張りのある布を使い、布の色や家の形、装飾も自由に選びます。淡緑色の布に虹色の小道をデザインした広い画面に子どもたちが作った家を配置しました。家の周りに生きものや花、人なども配して、夢の町のような壁面飾りになりました。

✔用意するもの

材料

- 大きい紙（型紙用）
- 油性ペン
- 厚手の張りのある布（数色）
- 端切れの小片、リボン、ひも、その他
- 光る星などのスパンコール
- アクリル絵の具

用具

- ローラー
- ハサミ
- 木工ボンド
- 筆

（わたしの住みたい家を作るための材料です）

作り方

1. 家を作ります。青い鳥の時と同様に、画用紙より大型の紙に油性ペンで家の形を描き、ハサミで切り、型紙を作ります。
2. 張りのある、好きな色の布（赤・オレンジ・緑・青・紫など）で家の形を切り、描いたり、さまざまな布、その他を貼りつけて装飾的な家を作ります。
3. 他に、人・生きもの・花・木など自由に作ります。

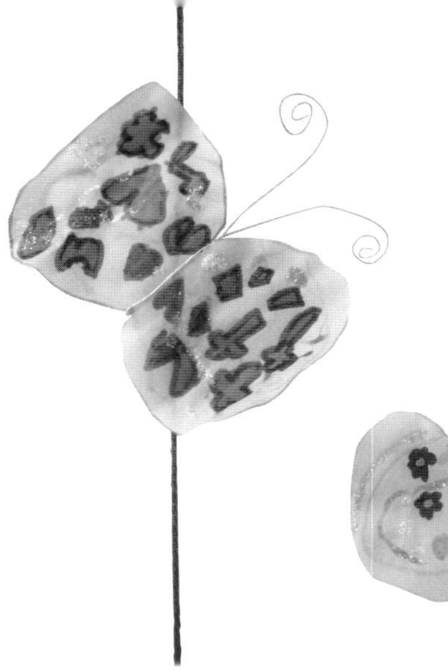

4. 子どもたちが作った家を貼るための大画面を作ります。グリーン系のスクリーンカーテン用の布に、ローラーを使って、白のアクリル絵の具で子どもたちが交替で線を描きます。白い線が乾いてから、水で薄めた淡色の絵の具で線を中心に刷毛塗りし、パステルカラーの画面にします。
5. 大人の作業です。大画面の布に、2と3を配置して、針と糸で何箇所か落ちない程度に留めます。
6. 花と蝶を作る。大画面の両サイドや室内空間のアクセントのために、天井から吊るす花飾りと、蝶の飾りを作ります。
   ✻花飾り　和紙の色紙、色の不織布で花を作り、アクリル絵の具や端切れ、光る素材（スパンコールや光る色の糊状のもの）などを好みで使って装飾します。
   ✻蝶の飾り　やや厚手のトレーシングペーパーに蝶の形を描いて切り抜き、耐水性のカラーペンなどで好きな模様を描きます。ラメ粉入りのグリッターペンで模様を足すと華やかになります。アートフラワー用の細い針金を半分に折って蝶を挟み、根元を2〜3回ひねって触角を作ります。針金の先を丸めて形を整えます。

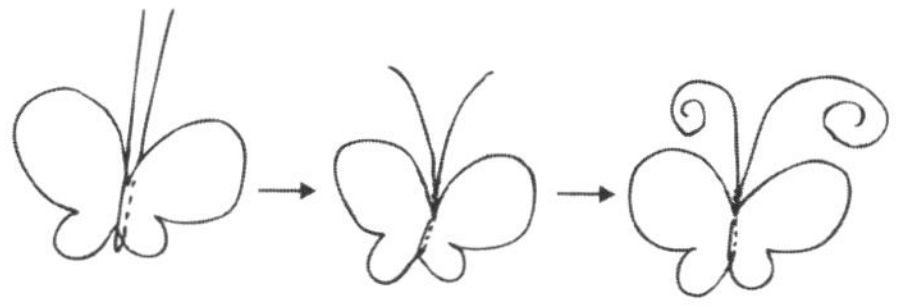

おしゃれな人たち

卒園式のための壁面飾りです。子どもの描いた絵から元気が溢れるような人物画をテーマにし、卒園式の雰囲気を演出することにしました。
「おしゃれな人たち」というテーマで、思いきり発想豊かに、装飾的に人の形を描きます。頭部にも服にも、手に持つものにもそれぞれ工夫を凝らした人物像が生まれました。
周囲には不思議議な形の生きものや、家・花なども配し、楽しい画面になりました。

✔用意するもの

材料

- 四つ切り色画用紙
- 油性ペン
- アクリル絵の具
- 大きい紙（模造紙）
- 端切れの小片、リボン、ひも、その他

用具

- ハサミ
- 木工ボンド
- 筆

作り方

1. ひとり１枚の四つ切り色画用紙いっぱいに全身像を描くという課題です。濃色の油性ペン（中くらいの太さ）で線描します。
   年長組は、もっともイメージ豊かな「図式画」を描く発達段階の子どもたちなので、このような課題で個別性を発揮し、創造力豊かな人の形を描くことができます。

＊課題の条件

①自分で空想して、人物像のテーマを決めて描くこと。

②着衣を工夫する（頭部、衣服の象徴や飾り、靴、その他）。

③手に何かを持っている、あるいは動作をしているなど想像して描く。

2. 線描きができたら、人の形の周囲を、大きくカーブしたラインで好きな形に切ります。四角より優しいさまざまな形の色画用紙になります。

＊画用紙の形を固定的に考えないほうがよいし、それらを配して大画面を作る時も画面空間にゆとりが生まれるからです。

3. アクリル絵の具・端切れ・油性ペンなどで人物画を彩色、装飾します。

4. 人物像ができたら、残りの時間でその他の形を自由に描きます。犬、木、家、鳥などの絵も、人の形と同じように作ります。

5. 子どもたちの作品を貼る大画面を作ります。大人の作業です。模造紙の長辺を上下に3枚貼り合わせて1画面とし、上から順にグレー、淡いピンク、グレーの画面を作ります。

6. 出来上がった人物像の絵を大きな画面に、空間が均等になるように配置して構成します。これも大人の作業です。木や花、鳥、家なども適当に配置し、卒園式場の正面を飾ります。

POINT!

ポイント

この課題では、単に線描するだけでなく、装飾するためにさまざまな材料を用いるので、身体の各部分を意識的に表現することになります。自分のテーマやイメージも明快になり、一人ひとりの満足感も得られ、独自の表現ができました。それらが集まることによって、卒園式にふさわしい生き生きとした大画面になりました。

大きな幡

みんなで協力して布を使って1枚の大きな幡を作ります。大きな布に代わる代わる描き、ロウで線描を防染したあと、みんなで地染めをするという手順で3枚の幡を仕上げます。この方法では、子どもたちと話し合ったテーマに添って、個々に、広い画面空間に適当な大きさと位置を決めて独自な形を描くことになります。華やかな大きな幡が染め上がった時の達成感を味わうことができる体験です。

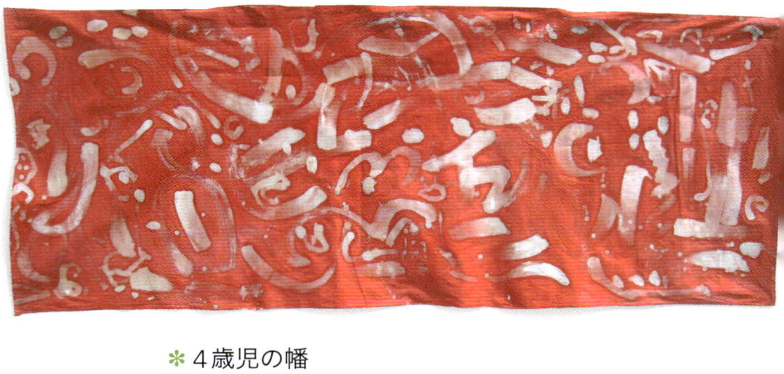

✻ 4歳児の幡

とくにテーマを作らなければ4歳児でも十分に楽しめる課題です。身体運動と連動した大胆な描線の幡になり、5歳児とは異なる造形の面白さが生まれます。

✔用意するもの

材料

- 平織りの白布3枚：約75×260cm（洗濯して糊を落とし、アイロンをかけておく）
- クレヨン　• ロウ
- 顔料系染料やアクリル絵の具

用具

- 伸子6本（120cm）：2本ずつ中心をしっかり縛っておく
- ロウ溶解用ポット　• 筆　• アイロン
- 新聞紙

作り方

1. 1枚目の幡のテーマは蝶です。一人ひとりが八つ切り程度の紙に蝶を描いてみます。試し描きです。
2. 床に新聞紙を敷いて布を広げ、2人ずつ順番に、おおまかに指示されたスペースに好きな色のクレヨンで蝶を線描します。

3. 布全体に伸子を張ります（伸子の使用法はp.42参照）。2〜3人ずつ順番に、線描の上をロウ伏せしたあと、ロウで簡単な線や点を蝶の図柄の中に描きます。

伸子で布をぴんと張る

4. 3.が終わったら、染料で自分の蝶を自由に彩色します。
5. 蝶の形を残して染料で地塗りします。ロウの線をしっかり描いてあれば、形全体をロウ伏せしなくても地塗りできます。

6. 染料が乾いたら伸子を外し、新聞紙に挟んでアイロンをかけ、ロウを取ります。新聞紙は2〜3回取り替えること。仕上げは大人が手伝います。

POINT!

☛ポイント

＊2枚目のテーマは「動物づくし」、3枚目のテーマは「海の生きもの」でした。子どもたちと話し合ってテーマを決め、3色の鮮やかな地色の幡ができました。

＊夏祭りの日に保育園のベランダから室外に垂らして飾りました。また、吹き抜けの玄関にも飾りました。インパクトのある幡になりました。

足踏み版画と布コラージュによる布絵

この布絵は、大地の芸術祭 越後妻有アートトリエンナーレ(2006)参加作品『ピュアランドの夏祭り』のワークショップ〈里山の風になって〉(p.106参照)への参加が決まっていたため、現地の事前制作に先駆けて行う造形活動となりました。さらに同じ版で、保育園の卒園式用の大きな布絵を制作し、卒園式会場を飾る大きな壁面飾りとなりました。
園児たちはそれぞれが好きなように描いたり作ったりでき、集中力もあって、造形活動に楽しく熱中できる子どもたちです。子どもたちの造形活動の結果がひとつのアートとして、大人や作家の作品と並び立つ表現になることを目指して題材を選びました。それが「足踏み版画と布コラージュによる布絵」の制作です。

何を描くの?

* 里山の大地を、飛び、歩き、走り、動く生きものなど。
* 鳥や動物、昆虫のほかロケットや飛行機など、何でも描きたいものを中心に、花や植物もよいことにしました。たとえテーマから外れても、断片的な形として装飾的に散りばめるので、変化に富んだものに見えます。
* 広大な野外空間に布絵がより華やかに、生き生きと映えるように、「足踏み版画」を刷りあげた布の余白に布コラージュを貼り込みます。

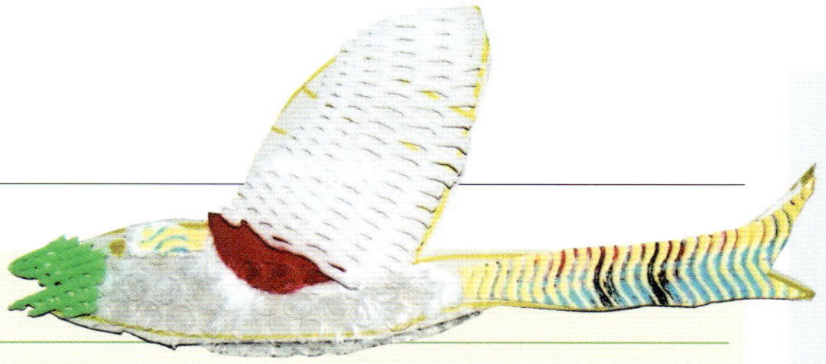

✔用意するもの

足踏み版画

材料

- 八つ切り白ボール紙
- 凹凸を作る材料：麻ひも・ビニール縄・果物ネット・ボール紙・波ボール紙・毛糸・プチプチビニール、葉など
- 水性版画絵の具
- 和紙（試し刷り用の障子紙）
- 版画を刷る布：張りのある芯地布
  トリエンナーレ用（5m×90cm）
  卒園式用（2m×90cm、3枚）

用具

- ローラー
- バット
- 新聞紙多量
- 油性ペン
- ハサミ
- 木工ボンド
- 筆

布コラージュ

材料

- 白布
- アクリル絵の具
- 端切れ

用具

- 伸子
- バット
- 新聞紙多量
- 油性ペン
- ハサミ
- ボンド
- ミシン

足踏み版画の紙版作り

版を作る

1. 白ボール紙（仕入れ用の菓子箱の底に入っていたものを資源ごみとして入手）またはボール紙に図柄を描き、ハサミで線の外側を切り抜きます。切った形を組み合わせてもよいでしょう。

　＊細部の複雑な形などは、切り込みを入れて切りやすくします。

1本線は周りを切り抜く

2. 切り抜いた形の上に、ひもやボール紙、波ボール紙などで凹凸を貼りつけます。

　＊凹凸がくっきり出るように。ひも等のいろいろな材料を工夫して貼りつけるとさまざまなテクスチャーが出ます。

版に絵の具を塗る

3. 絵の具を水で薄めず、できるだけ原色でパレット（浅いバット）に出します。ひとつのバットにはひとつのローラーを使い、バットの中での混色を避けます。

　＊室内の湿度等により、あらかじめ絵の具の濃度を調整しておく。

4. 二つ折りにした新聞紙の上に版を置き、版の表面にローラーで絵の具をしっかり塗ります。この時、2～3色で色分けしたり、重ね塗りしてもよいことにします。

　＊黄色やオレンジ等、淡色を最初に塗り、その上に別の色が重なるなど下地の色を残します。できるだけ明快な色を塗るほうが刷った時の結果がよく、形が明確になります。

　＊版型の輪郭の色を濃くすると、とくに形が明確になります。

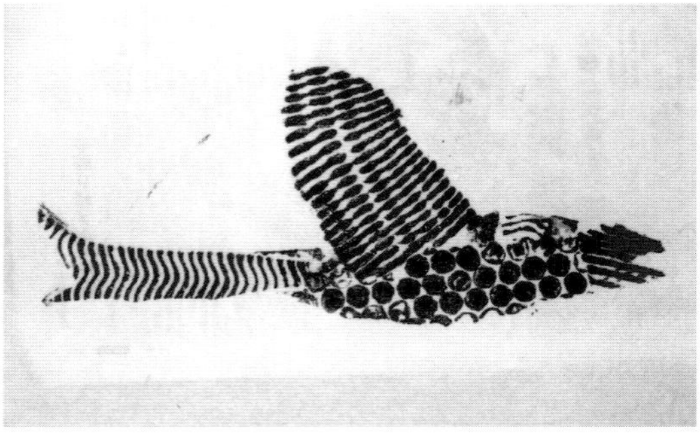

和紙に試し刷り

5. 新聞紙を取り替えて、その上に絵の具を塗った版を置き、上から和紙をかぶせ、さらに新聞紙を乗せて四隅をしっかり抑えます。これは大人が手伝います。

6. 子どもが新聞紙の上に乗ってゆっくり足踏みします。

ずれないように上から
そっと踏む
はだし
きれいな新聞紙
和紙
版
きれいな新聞紙

7. よく踏んだら上の新聞紙を外して、仕上げに手指でも押し、凹の部分の絵の具を掬い取るように丁寧に写し取ります。和紙をそっとめくって出来上がり。

大きな布に刷る

版を並べる

1. 床面にブルーシートを敷き、ビニールテープで刷る布の大きさを示す印をつけます。

2. 新聞紙をきれいなものに取り替え、その上に絵の具を塗った版を置き、ビニールテープで印をつけた範囲内（刷り取る布の大きさ）に配置します。
   ＊広い布全体に散らばるように、なるべく均等に置きます。

布に刷る

3. 布の周囲を数人で持ち、ピンと張った状態にして版の上に置きます。

布が垂れないように、片側からそっと乗せていきます

4. さらにその上に新聞紙を乗せ、布の周囲を数人で押さえ、ずれないように注意して、みんなで新聞紙の上から足で踏みます。
5. 形の輪郭や凹の部分まで、しっかり絵の具を布に吸い取るために、指を使って丁寧に押します。

仕上げ

6. 新聞紙を取り外し、布の周囲をみんなで持ち上げます。刷った面を上にして置きます。
7. 鮮明に刷れたかどうか確認し、かすれた部分は少し淡い色を筆で加えるなどして補修します。版は主な技法と考えているので、版画方式には厳密にこだわりません。目指す効果を出すことを優先します。

乾燥

8. 室内に洗濯用ロープを張り、着彩した布を数日以上かけて完全に乾かします。

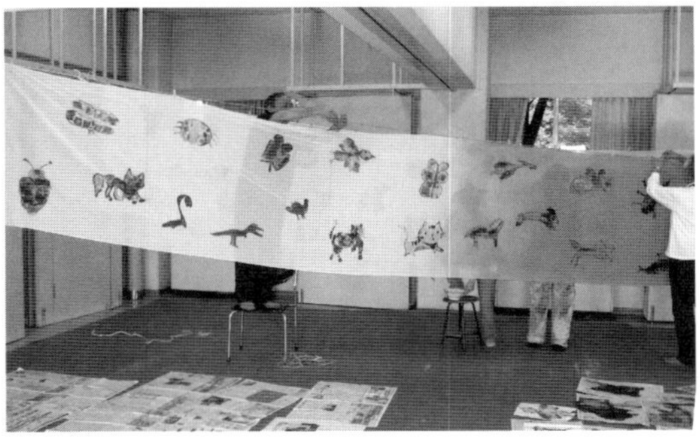

布コラージュを作る

すでにある布でコラージュを作るのではなく、あり合わせの布や端切れを組み合わせてオリジナルな布を作り、それを使ってコラージュを作ります。そのほうが、より華やかで面白みのあるコラージュになります。染め布の作り方と端切れを組み合わせた布作りの2つを紹介します。

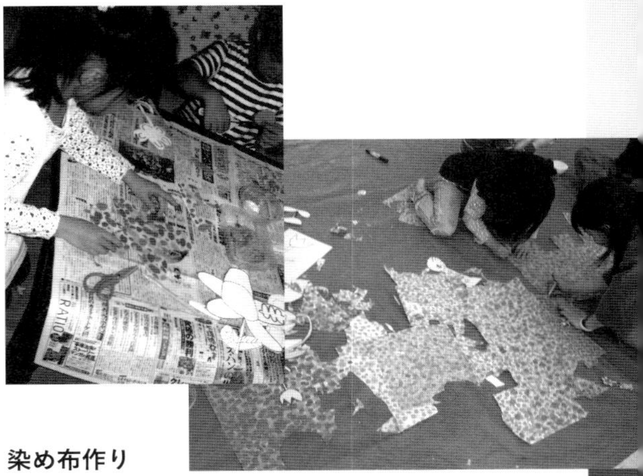

染め布作り

布を色紙のように使うので、白布を着彩し貼り絵用の色布を作ります。

1. 版で使用したのと同じ布を任意の大きさに切り、色紙のような華やかな色布を作ります。
2. ×印に組んだ2本の伸子を使って布をピンと張り、絵の具を塗ります。（伸子の使用法はp.42参照）
3. 色の発色、鮮明さ、布に張りが出ること、染料より退色し難い等の理由から、アクリル絵の具を用います。乾くと紙のようにパリッとなるので、子どもでも切りやすい布になります。
4. 最初は黄色、ピンク、薄緑等の淡色を地塗りします。さまざまな色相の傾向になるように、次々と色を加えていくと、グラデーションやドットなどの華やかな布ができます。
   ＊子どもたちを数人のグループに分け、布ごとに色の系統を考えて使う絵の具の色を準備します。筆で点打ちすれば、幼児でも色布を作れます。

不定形の版の事例

端切れを使った布作り

さまざまな色や模様の残り布をコラージュ用の布に仕立てます。あらかじめ準備しておきます。

1. 今回の制作で用いる白布（芯地布）を裏打ち布として使います。白布の上に端切れを隙間なく並べてジグザグミシンをかけ、ある程度の大きさの柄布を作ります。こうすると薄い布地も、さまざまなテクスチャーの布地も扱いやすくなります。

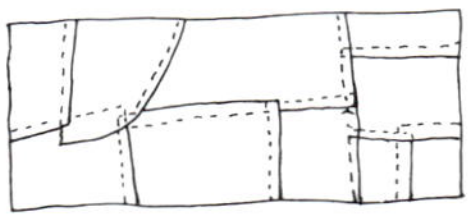

芯地の上に端をすこし重ねて
端切れを並べ、アイロンをかける

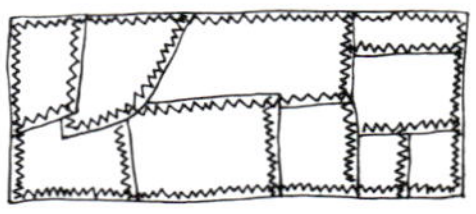

重ねたところと端を
ジグザグミシンで縫う

2. ある程度の大きさの柄布を作ったら、そこから好きな形を切ります。より複雑で華麗なコラージュができます。

コラージュ作り

これまで作った染め布や端切れの中から好きな布を選んで、〈里山の風になって〉のテーマに合うよう、花や、空を飛ぶ鳥や蝶、昆虫などを作ります。

1. ハサミを使っていくつかの形を切り出し、接着剤で貼り合わせたり、レリーフ状にするなど、作り方や布類の使い方は自由に工夫します。
2. リボン類や、スパンコールなどのついたキラキラする布を使ったり、蛍光色の絵の具で着彩して、色鮮やかな装飾を施します。

＊トリエンナーレ開催中の参加者は、色布を好きな形に切ったあと絵の具で色分け塗りしてから模様を描くという方法でコラージュを作りました。

コラージュを貼り込む

足踏み版画を刷った布に、布コラージュを貼りつけます。

数日以上かけて完全に乾かした足踏み版画の布絵を床に広げます。布コラージュを空白の部分に散らすように置いて、全体の空間のバランスを見て配置を決めます。

野外設置

布コラージュを貼った布絵はトリエンナーレ会場で野外インスタレーションとして設置しました。

＊会期中に訪れた人々にも、色布や端切れ、絵の具を用いてコラージュを自由に作ってもらい、インスタレーションの布に貼りました。

版の再使用

版を使ってもう１枚の同様な布絵を作り、保育園の卒園式の壁を飾ります。紙の版は色を塗れば再び使うことができるので場所に合わせたレイアウトにします（p.91 参照）。

不定形の版の事例

不定形のボール紙を台紙にして、質感の異なる素材や植物も自由に貼りつけるなどして、とくにテーマを決めずに版を作り、卒園式の壁飾りになりました。

POINT! ポイント

＊子どもはみんな迷いなく好きな描画が描けるはずです。それには、日頃そのような造形活動を励まされ、楽しんでいることが必要です。この足踏み版画は、小学生や大学生、大人も同じテーマで制作しました。

＊版の材料の厚いダンボールを思いどおりに切ることは幼児には困難なので、薄い白ボール紙を版にしました。このことによって、油性ペンで描いた形を切ることができました。ハサミの使い方、その他、用具の使い方は、いつも個別にしっかり指導します。

＊今回の幼児（5歳児）の場合、とくに躊躇せず、与えられた白ボール紙を目一杯利用して、テーマを理解し、積極的、意欲的に制作できました。手順や技法をよく理解できるのは、常にさまざまな工程を経て結果が出る体験を重ねてきたからです。手や身体を使っての感覚的な造形体験は、日に日に認知力を高めるということが実感できます。

＊描くテーマは漫画や子どもたちに流行のもの（カブト虫など）に偏る場合もありますが、表現したものが他人の模写でなく、それぞれが工夫し個別的であればよいと考えます。

＊子どもたちを中心に大人も加わって、手作りの染め布や端切れを用いて、数々の花などのオリジナルコラージュを作ります。それらは小さいものですが、変化に富んだ色や図柄なので、足踏み版画を刷った広幅の布の中に点在するように加えると、存在感が生まれ、鮮やかなアクセントとしての効果を発揮します。

V アートを発信する

みんなのアートワークショップ展
造形教室の作品を展示してアート空間を実現

ワークショップ〈里山の風になって〉
幼児が参加した、2006大地の芸術祭
越後妻有アートトリエンナーレの記録から

みんなのアートワークショップ展

造形教室の作品を展示してアート空間を実現

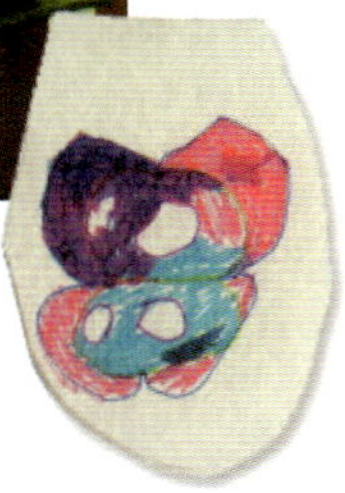

卒園式場の正面の壁飾りを中心に、園児たちが造形教室で作った作品をいつか多くの人々に見てほしいという思いが保育園や指導スタッフの中に強くありました。園の計らいで、氷川の杜文化館（さいたま市文化振興事業団）での展覧会が実現することになりました。

３月の卒園式直前に展覧会の開催が決まりました。4カ月後の７月です。園に保管されている造形作品は前年度の「和紙に墨と絵の具で描く」（p.28参照）「自然の小枝を使って織る、組む、くぐらせる」（自然の素材を使って B、p.57 参照）「花の鉢作り」（p.20 参照）などでしたので、それ以外の多くの展示作品を4月からの造形教室ではじめて出会う次年度の年長組の子どもたちとともに制作することになります。

6月末までの３カ月間に、計５回の造形活動を予定しました。このわずか数回の子どもたちとの出会いを生かして、どうすれば広い展示空間を「アート」に変身させることができるか。それは企画者の芸術観を問われる挑戦でもあります。そこで、子どもたちの造形作品とのコラボレーションとなるようなインスタレーションを企画しました（布の人形、木片による構成の一部は卒園生から借用します）。

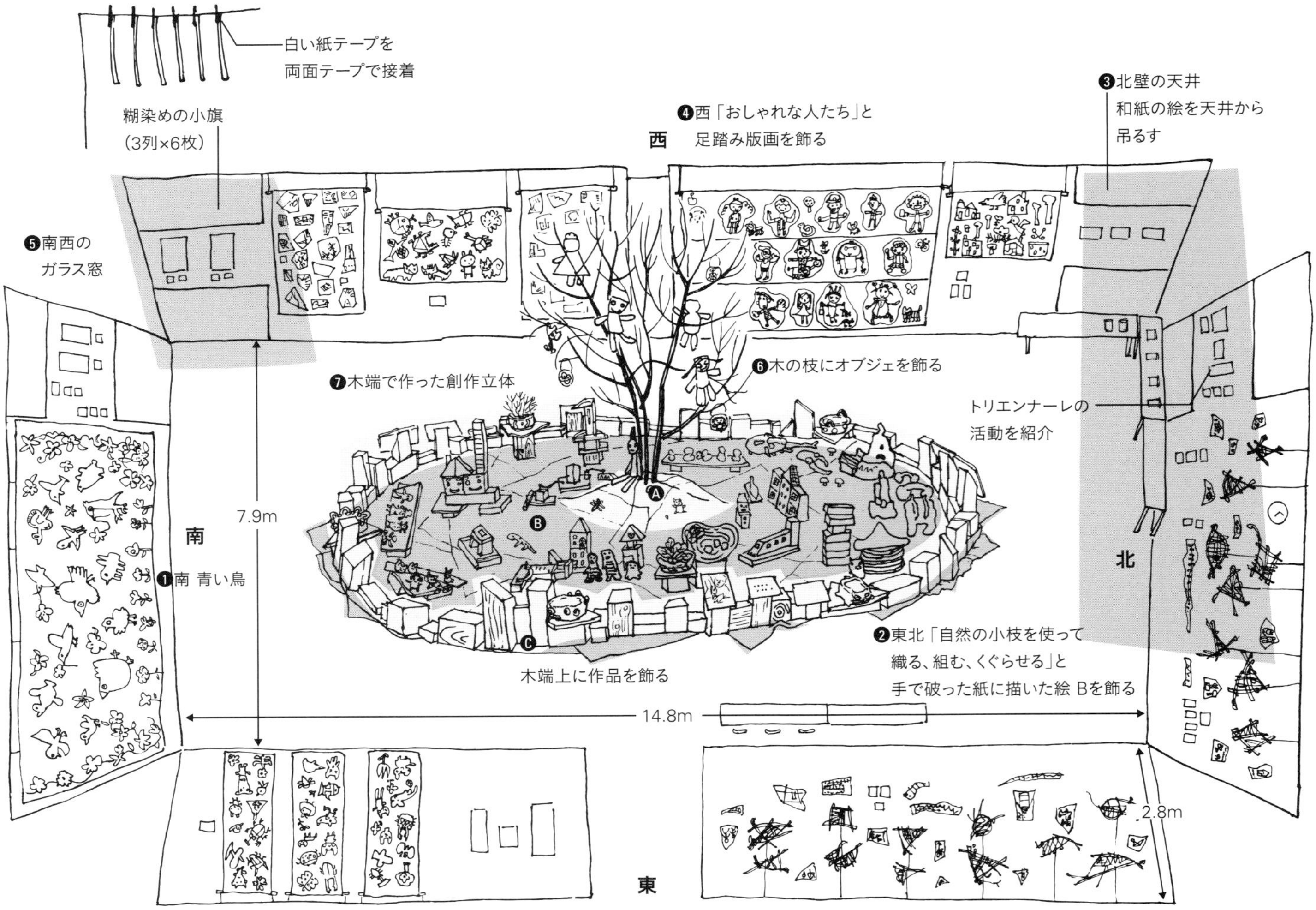
白い紙テープを
両面テープで接着
糊染めの小旗
(3列×6枚)
❹西「おしゃれな人たち」と
足踏み版画を飾る
西
❸北壁の天井
和紙の絵を天井から
吊るす
❺南西の
ガラス窓
❻木の枝にオブジェを飾る
❼木端で作った創作立体
トリエンナーレの
活動を紹介
7.9m
南
❶南 青い鳥
北
❷東北「自然の小枝を使って
織る、組む、くぐらせる」と
手で破った紙に描いた絵 Bを飾る
木端上に作品を飾る
14.8m
2.8m
東

展示会場の全体図

会場中央部に、高さ2mほどの木を3本、根元をまとめた自然な形に立てます。この木を中心に、木の下、木の周り、枝を張った空間、四方の壁面やコーナーなど、それぞれの空間をアート空間として演出します。

入り口のある東壁面の南側には足踏み版画で刷った布絵を3枚、北側には「自然の小枝を使って織る、組む、くぐらせる」と「手で破った紙に描いた絵 B」を。北壁面も同様に「自然の小枝を使って織る、組む、くぐらせる」と「手で破った紙に描いた絵 B」、さらに子どもたちの写真を飾ります。西の壁は「おしゃれな人たち」と卒園式用に制作した足踏み版画。南の壁は全面を「青い鳥」で飾ります。

空間作り

木を立てる　…会場全体図Ⓐ

1. 大型の建築端材（家の梁に使われた材木など）大小２個の立体を重ねて接着した土台を用意し、上面に電動ドリルで木を差し込むための穴を数個あけます。
2. 木を用意します。展示の直前に郊外の自然林から大木の太枝を切り出したものを数本用意します。木の成長期にある季節は、使用する期間の直前に切らないと細い枝先が短期間で枯れてしまうので注意が必要です。
3. 穴をあけた土台を設置したら、あり合わせの緑色系の柔らかい端切れで土台全体を覆って隠します。葉を取り除いた木を布の上から突き立てて、台の穴にしっかり差し込みます。樹形を見て、枝が全体に軽やかに均一に広がるように。四方の空間や壁面を見通せ、３本の木が一体に見えるように工夫します。

木の周りの展示空間　…会場全体図Ⓑ

木の周囲、展示場の３分の１程度の面積を立体作品の展示場所とします。この部分を緑色系を中心にした布類で覆います。

1. 木の土台部分の凹凸をなだらかな円錐状のカーブにするため、厚めのクラフト紙を円形に切って切り込みを入れ、土台を覆います。
2. その上に緑色系の模造紙を全紙の大きさのまま隙間なく重ねます。さらに中央から外側へ向けてほぼ楕円状に床面を覆うように広げて置きます。模造紙の色は緑に限定せず水色、黄色も利用します。
3. 模造紙の上に、下の色が透けて見える薄布のオーガンジーやデシンなど、あり合わせの布をそのまま切らずに、少し重なるように隙間なく広げます。淡いピンクも少々混ぜます。
4. 一番上にもう１枚、細かい平織りの薄いレース（白）を全面に広げます。これらの布類は「青い鳥」の背景に使用した布類と同じく、あり合わせのものです。布類にはすべてハサミを入れず、不定形、四角、長方形などあるがままの形で使用しました。
5. 展示会場の中央部、木の周りの楕円形の床面の完成です。グリーン系を中心に、少しアクセントになる色が混ざったパステルカラーの色面になりました。

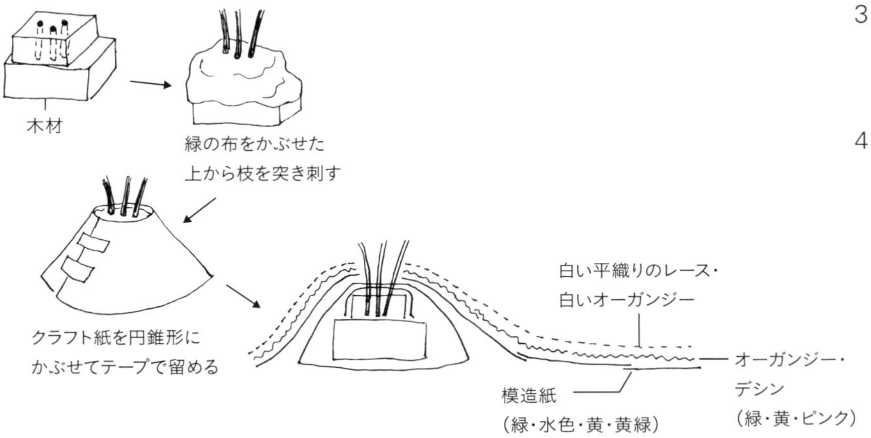

自然木がちょうど
入る大きさに
ドリルで穴をあける
木材
緑の布をかぶせた
上から枝を突き刺す
クラフト紙を円錐形に
かぶせてテープで留める
白い平織りのレース・
白いオーガンジー
オーガンジー・
デシン
（緑・黄・ピンク）
模造紙
（緑・水色・黄・黄緑）

端材を生かした展示空間　…会場全体図Ⓒ

1. 中央の木から布を敷き広げた周囲には、角柱などの木端材をそのまま加工せずに立てて並べ、床面を構成する展示空間の囲いを作ります。着彩せず、切り口の傾斜も高さも少々異なる白木の木端材をおよそ楕円状になるように隙間なく並べました。

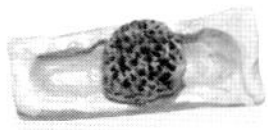

2. 敷き布がところどころはみ出す箇所をあえて設け、空間の境界を曖昧な状況にし、ここを立体作品の展示スペースにします。木端材は、存在感はあっても重みを感じさせず、また人工的ではなく、木目の表情や形の変化によって自然の息づかいと清潔感のある美しい囲いとなりました。さらに、飾られた作品群とも調和しました。
3. 囲いの木端材の平らな部分のところどころに、粘土の鉢と制作中の子どもの写真を並べて置きます。
4. 粘土の人物像や花の鉢などは、さまざまな高さの柱状の木端材の上に着彩した木端板を平らに乗せ、その上に置きます。

大きな粘土の作品は、
楕円状の囲いの入り口
から見て右側の
スペースに配置しました

三匹の子ブタの家

展示作品

室内空間全体をアートとするような一体感のある構成を考えて、壁面、床面、天井、空間に設置するいくつかの造形活動を企画しました。子どもたちが熱中し、楽しみながら新しいことに挑戦したという達成感が味わえるような、いくつかの異なる材料や題材による造形活動です。

これから説明する作品は、展示までの3カ月間の実践によるものです。

粘土によるグループ遊び。友達と共同制作、p.12参照（1回目の造形教室）

毎年最初の造形教室のテーマにしている「粘土遊び」から始めました。その粗大運動の結果、何を作るかは、子どもたちがわいわいと活発に会話して決めます。

大量の土のかたまり（粘土）は活動とともにどんどん変化して、次第に形が出現します。はじめはひとりで作り出した子どもも、近くにいる子ども同士で自然と共同作業をするようになり、さらに近くの仲間と合流して活動は大きく広がり、テーマが明確に表現されていきます。

「トンネルのある山」「お城」「三匹の子ブタの家」「おおきなくわがた虫」などを作りました。

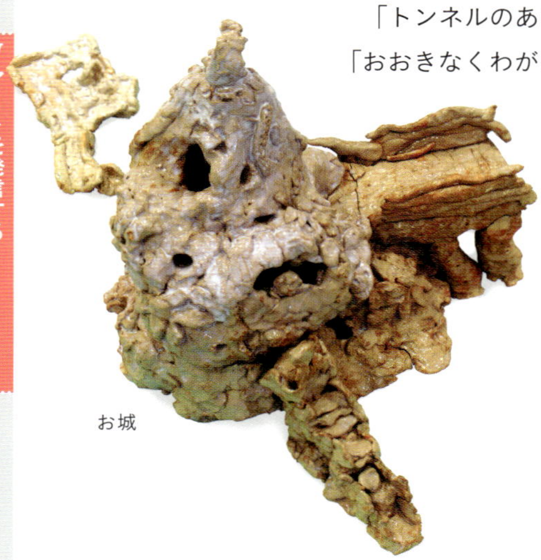

お城

おおきな
くわがた虫

トンネルのある山

粘土で作る「人の形」、p.18参照（2回目の造形教室）

個人制作です。身体像をテーマとし、その他自由に好きなものを作ります。年長組の子どもにとって全身像の制作は、人物画と同様に、自分自身の投影ともなる重要な課題と考えます。それぞれ個別性を発揮し、結果として楽しい見ごたえのある作品になることが確信できるので、前回に続けて2回目の粘土の題材です。

小さな粘土を接着する方法、素焼きのあとの釉薬の着彩など、粘土の扱い方を学び、小さくても厚みと材質感のある表情豊かな作品ができました。

＊これらの作品を展示することで会場全体を細部まで生き生きした空間にすることができると確信しました。前年度の卒園記念の花の鉢も粘土の展示作品に加えました。

木端材を着彩する・飾る

さまざまな形と色の木片は、子どもが好きな材料を選び接着すると、まったく自由で制約のない、手ごたえのある形作りができます。

1. あらかじめ1色に塗った木片を用意します。
2. 絵の具や、端切れ、紙類、ひもなど好きな材料を木片に接着します。何でも使うことで想像が膨らみ、象徴的かつデリケートな表情が加わり、一つひとつの作品が生気を放つ存在となりました。

＊装飾された木片をリズム感を持って配置すれば、鮮やかな色と形によって、変化と華やかさのある室内空間を出現させることができるでしょう。

アルミ線で作るキラキラ飾り1、p.52参照

アルミ線によるキラキラ飾りは、テグスで空間に吊るします。素焼きした粘土作品に釉薬で着彩する造形教室の後半の時間に、ひとり1個ずつ作ります。

＊壁面の展示物と床面に展開するさまざまな立体的な作品群の中間にあってきらりと光り、微妙なゆるやかな金属の曲線で空中に描かれる存在感と、空間のゆらぎを感じさせる作品になると予想しました。

アルミ線で作るキラキラ飾り2、p.52参照

もう一度アルミ線を使いキラキラ飾りを作ります。希望者はさらに透明なおはじき（赤、青、黄など）をアルミ線で作った形の中に落ちないようにはめ込みました。

ひとり合計2個以上のキラキラ飾りを作ります。

車

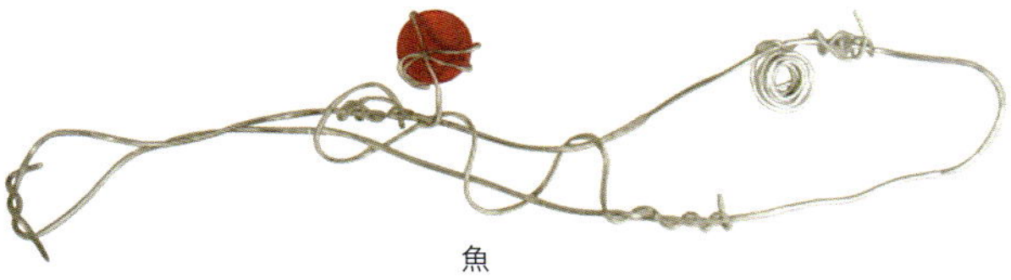

魚

小さい絵と手で破った紙に描いた絵、p.36・p.44参照

アルミ線のキラキラ飾り作りの後半の時間を使い、「小さい絵」と、「手で破った紙に描いた絵」を制作しました。小さい絵は、二つ折りの紙の両面に描き周囲を少しカットしてキラキラ飾りとともに室内中央部の空間に吊るします。

色模造紙を思い思いに手で破いて、偶然にできた形に描いた手破りの紙に描いた絵は、「自然の小枝を使って織る、組む、くぐらせる」（自然の素材を使ってB、p.57参照）を吊るした壁面に両面テープで貼ります。心地よいリズムが生まれるようにします。

＊白い壁にくっきりとした影を伴う実在感のある枝の造形と、手破りの淡色の紙の絵という素材の異なる造形で壁面を構成することによって、東北のコーナーの壁面空間を軽やかで動きのある広がりとして充実させることを意図しました。

＊小さい絵の展示の可能性

展示会場の戸外には、門から会場まで手入れの行き届いた美しい竹藪が続き、その中に緩やかなカーブの小道があります。展覧会当日はちょうど七夕でした。小道の両側の竹の間にテグスを張って、小さい絵のようなモビール状の造形作品などを用いてインスタレーションを設置したいと思いました。会場側の都合で実現できなかったのですが、小さい絵は、大きな空間構成としても、また壁飾りに、モビールに、いろいろな展示の可能性があります。

展示風景

会場の四方の広い壁面を子どもたちの独自な表現による色とりどりの卒園式の壁面飾りなどで構成し、どこからでも全体を見通せる状況を作ります。中央の木の展示との相乗効果で、素晴らしいアートの空間が誕生しました。

南の壁❶

全面を「青い鳥」で飾ります。レースを重ねた淡いピンク色の軽やかな布画面が広がり、そこにキラキラした飾りのある鳥や花などのコラージュを散りばめています。すべての色調が呼応して、明るい華やかな色の空間が出現しました。

東と北の壁❷

東の壁の南側は足踏み版画で刷った布絵を３枚掛け、東北の壁面は「自然の小枝を使って織る、組む、くぐらせる」と「手で破った紙に描いた絵 B」で飾りました。

北面の天井❸

天井の飾り格子には、障子紙に軽やかに筆描きした作品を等間隔に並べて吊るし、歩きながら見上げると次々に現れるよう工夫しました。

白い紙テープを
両面テープで接着
墨絵（2列×12枚）

西の壁❹

「おしゃれな人たち」と卒園式用に制作した足踏み版画で飾ります。（pp.98-99参照）

南西の角❺

透明ガラスがはめ込まれています。紹介し切れなかった園児の作品を写真に撮り、このコーナーに展示しました。天井には、北面天井と同様に手描きの糊染めの小旗を吊るします。屋外の庭園の溢れるような緑の木々や竹林と外光という、自然の息使いがそのまま展示室に加わり、展示室中央の木の存在とともに広がりのある展示空間になりました。

木を飾る❻

「アルミ線で作るキラキラ飾り」と「小さい絵」は、中央の木を中心に、天井から降り注ぐように細い透明なテグス（釣り糸）で吊るしました。また、小枝からも吊り下げました。「布の人形」を吊るしたり、木の枝に乗せたりして、表情豊かな木の飾りができました。それらモビール状の飾りは、小枝とともに儚く、か細くも見えますが、独自の存在感を演出できました。

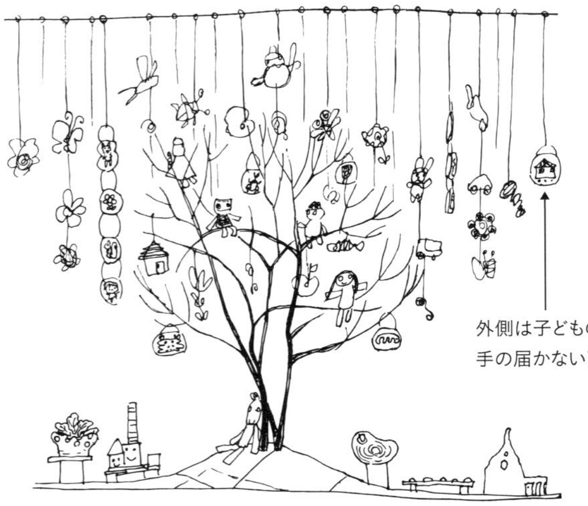
外側は子どもの
手の届かない高さ

木の周りに置く❼

木の周りのパステルカラーの床面に、木端で作った創作立体を適当に配置してみると鮮やかな色のリズムが生じ、子どもたちの独自のテーマと表情豊かな作品群は生き生きと見る人の目を引きつける存在になりました。

ART SPACE

アート空間の出現

＊展示計画は、大体こんなふうにというような曖昧な計画で、あとはその場その場で臨機応変に感覚的に決めて設置しました。展示に必要な材料は、テープ、テグス、パネルなどの他、繰り返し使えるあり合わせの用紙や布、工務店から借りた木端（ストーブの燃料にする）などで、多くはそのまま再利用できるものでした。

＊「空間にアートをどう出現させることができるか」ということを、かねがね考えて造形活動を実践してきました。今まで、「枠のない表現活動」を目指して、さまざまな場でアートの活動を支援してきたことの証として、今回この魅力的な子どもたちの創作物とのコラボレーションともいえる展示空間を、アートの空間として創出できました。

2

3

1

5

7

6

ワークショップ〈里山の風になって〉

幼児が参加した、2006大地の芸術祭 越後妻有アートトリエンナーレの記録から

大地の芸術祭 越後妻有アートトリエンナーレは、越後妻有地域（新潟県十日町市と津南町）の里山を舞台に3年に1度開催される世界最大級の国際芸術祭です。わたしたちが参加したのは2006年に開催された第3回 大地の芸術祭で、7月23日〜9月10日の50日間開催されました。約40の国と地域から200名を越すアーティストが参加し、総作品数は329点、来場者数は348,997人でした（数字は農林水産省「大地の芸術祭 越後妻有アートトリエンナーレ2009総括報告書」より）。

守屋行彬によるインスタレーションと、小串によるワークショップで構成された『ピュアランドの夏祭り』には多くの人が訪れました。ワークショップ〈里山の風になって〉の実施のためには、オープニング前までの事前制作が必要です。大宮つぼみ保育園、もとの木保育園の造形教室での実制作の経験が基本となって、ワークショップ現地で必要となる事前制作の内容、技法、材料を決めることができました。

ワークショップ〈里山の風になって〉の全体計画

描画を含むアートの体験は、「表現」という行為を経ることではじめて表れる自分自身を発見する機会です。

『ピュアランドの夏祭り』は、日々のパターン化した日常性から脱出する機会として、多くの人にアートの創作体験をしてほしいと考え、誰でも参加できるワークショップを企画しました。人間は、一人ひとり同じではないという存在価値の証になるような表現は、アートだからこそ可能なのです。

＊うまくではなく、のびやかに、軽やかに、里山の青空と緑の大地に向かって展開するアートの活動は、幼い子どもでも、その成長・発達段階に関係なく制作できる方法が必要です。いわゆる子どもの絵の展示ではなく、それぞれが描いた形は、子どももアーティストも対等に、本格的な共同の制作になるように考えました。自分が描いた形が、全体の中に存在し、確かにアートになっているはずです。

＊特別な技術や発達のレベルを要求しません。ごく自然に、個々の個別性をもって創りだす形や色が、アートの体験として共有できるものになればよいのです。アートは、こんなに楽しくていいのだと実感してほしい。「なんでもアート」にしてしまうことができる表現活動を目指しました。

＊保育園での実践を通して、幼児の描く形態は、稚拙ではあっても魅力的な表現になると予想しました。それによってワークショップに参加する人々がリラックスして、意欲的に参加して、自分らしく表現することが大切です。

『ピュアランドの夏祭り』の会場

冬に雪祭りが行われる十日町市のピュアランドの広場中央に、守屋行彬による金属製の「踊り子のオブジェ」を設置。雪囲い用丸太100本を組み、中央のオブジェから四方に展開します。最終的には木組みに広幅の白地の布、着彩した布、ワークショップによって描かれた布、合計約200mを張り巡らせる計画です。

守屋行彬
「踊り子のオブジェ」

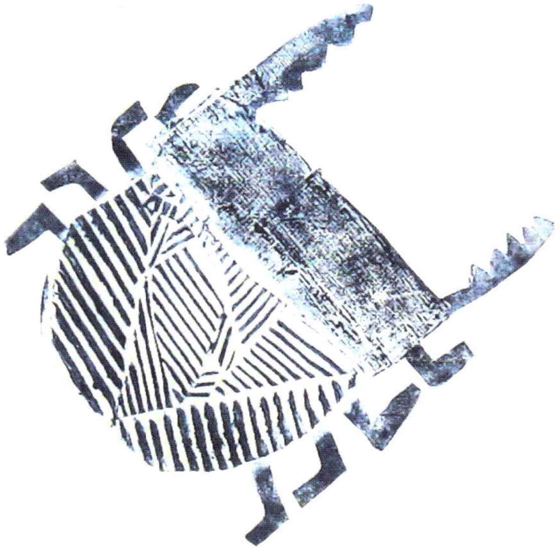

「足踏み版画と布コラージュによる布絵」制作の企画

2006越後妻有アートトリエンナーレのコンセプト「大地への賛歌」の主旨に添うインスタレーション（場の空間設定）として何が相応しいかを考え、丸太の木組みに張り込む布の画面は、技法の優劣が現れにくい「足踏み版画」と、端切れや彩色した布による「布コラージュ」で制作します。

版による制作テーマは「里山の生きもの」、布コラージュは「花や空を飛ぶ鳥や昆虫など」ですが、思い思いの発想で創られた形に、見る人を魅了する独自性や、形、豊かな色彩が現れることを意図しました。テーマは創作の手がかりとなりますが、テーマを外れた独創的な表現もよいことにしました。大画面の中に、予期せぬ変化と楽しさが加わるからです。

足踏み版画の制作（pp.90-93参照）

一人ひとりが作った色と形がそのままに鮮明に見えるように広い画面に図柄を配置することが重要なので、刷りのかすれ部分に色を補います。いわゆる「子どもの絵の展示」ではなく、子どもの絵の力を借りて、インスタレーション全体がアートとして存在するよう、アーティストと並列できる表現になる技法として版の手法を用います。

布コラージュの制作（pp.93-94参照）

幼い子どもたちでも、花の形などを描いたり作ったりすることができます。ハサミで切りやすいように、地塗りをしてパリッとさせた布を使って作ります。さらに、アクリル絵の具で着彩したり、キラキラした布やその他のもので飾りをつけると楽しく簡単に小さな飾りができます。版画を刷った大きな布の空白部分に布コラージュを貼りつける作業では、お母さんや大人も参加し、充実した画面となるように企画しました。

スリランカの青年の作品

オーストラリアの青年の作品

布絵の完成

布絵は服の芯地布を使っているので、明るい野外空間に設置すると、青空が半透明に透けて、空気が通り抜けるような軽やかな動きのあるインスタレーションの一部となりました。版の部分の形や色は、裏面からも光を通してよく見えます。さらに、小さな布コラージュを加えたことで、平面である布絵に華やかさが加わりました。布絵のさまざまな形と色は、子どもたちがそれぞれ時間をかけて、独自性を発揮して作った生まれたての形です。だからこそ発達や経験を超えて、観る人を惹きつけるアートになりました。

インスタレーションに組み込む

✻ トリエンナーレのオープニング前日までに、布コラージュで作ったパーツを貼り込んだ布絵を、野外広場に設置したインスタレーションの櫓《やぐら》状部分の上段に組み込みました。布の両端を丸太に巻きつけピンと張ります。

✻ 足踏み版画の制作は、会期中の現場では不可能なので、トリエンナーレの事前（1年間）に行いました（p.113『ピュアランドの夏祭り』オープニングまでの事前制作参照）。これらの作品は数基の木組みの上段に設置しました。一般の参加者用の布画面は櫓の下段や三角櫓に布を張って用意し、この布は、会期中に徐々にドローイングと布コラージュでいっぱいになりました。

✻ 真夏の野外に50日間設置された布絵は色褪せしましたが、期間中に訪れた多くの人々によって、次々にドローイングや布コラージュが加えられて、森の前に開けた緑の芝生は布絵のインスタレーションで賑やかに彩られ、風をはらんで青空に映え、山の広場にやってきた人々に喜んでもらえました。

アクションペインティング（オープニングのワークショップ1）

今回の企画では一定の方向に動きながら描くという簡単なアドバイスと最小限度のルールを提示します。塗るというよりはアクションによるドローイングを目指します。

材料・用具

- 音楽CD：音の刺激・音空間としてパーカッションのCDを用いる
- 鳴子や太鼓、金属などの音の出るもの：待っている児童や父母は、音の出るもので囃す
- アクリル絵の具など：最初に使う淡色から濃色まで、事前に水溶きして準備しておく
- 塗装用の刷毛：その他、糊用の刷毛や箒などを工夫して使う

進行

1. CDを流して踊るきっかけにします。場と表現の内容にふさわしい音や音楽とのコラボレーションはとても大切です。音なら何でもいいわけではないのです。ここでは、広い草原と行為のダイナミズムを考えてアフリカのパーカッションを流しました。
2. まず、描くよりも身体をいかにリズミカルに動かすかがポイントです。そうすると必ず動きのある軽やかな線描が描けます。失敗することなく、人前で演じ、描いても、プレッシャーを感じない方法で描くことができます。
3. 身体性を重視し、仲間と一体感を持ちながらも、意識的、無意識的に描きます。描かれていく画面を見ながら、身体とともに瞬時に手を動かし、筆や刷毛で描く。この即興性と快感が得られることで、予想どおりにならない思いがけない楽しさや、偶然性の面白さが現れます。踊るように動きながらイメージがひらめき、画面がダイナミックに変化していきます。

オープニングでの制作

POINT & ATTENTION!

ポイントと注意点

- ＊実際に描くのは少しでよいのです。何回か描く順番が回ってくるように、数人のグループで間隔を空けて左から右へと一定の方向へ動きます。風が吹き抜けるようなリズムとパワーのある線描が徐々に表れます。
- ＊パフォーマンスこそ大切です。はじめにそれをしっかり伝えます。
- ＊予想できないという面白さを楽しみましょう。
- ＊不確定なものに挑むという気持ちがアートの基本です。
- ＊企画者は進行係として、途中のどんな変化にも臨機応変に対応します。

一人ひとりのドローイング（オープニングのワークショップ2）

子どもたちの描く形の多様性と旺盛な好奇心によって、ごく自然に楽しい形が表れるよう場を設定します。一人ひとりが描く場所を選び、ひとり1色の筆描き（線描）で自分の「絵によるサイン」をします。

オープニングでの制作

保育園での事前制作

材料・用具

- アクリル絵の具
- 太めの水彩画用の筆

進行

1. 布を準備します。
   さまざまな色と大きさの、空に浮く風船のような明るい色を塗った白布を丸太の間に張ります。
   ＊あらかじめ参加者の人数分以上の丸い色を塗った布を準備しておきます。淡色の黄色、ピンク、黄緑、水色などの絵の具を刷毛塗り、吹きつけで着彩します。
2. 絵の具を準備します。
   一人ひとりが描く時は、濃い色の絵の具を使って線描で描きます。このルールがあれば、短時間で誰でも楽しく描けます。
   ＊展示期間中に訪れた人々も、年齢、経験を問わず好きな場所を選んで緊張せずにドローイングワークショップに参加できるように用意します。
3. 保育園児はトリエンナーレのオープニングには参加できません。事前に保育園の造形教室で同じ材料で制作し、前日にインスタレーションに組み込みました。

POINT! ポイント

＊アクションペインティングと一人ひとりのドローイングは「人前で演じる」という行為を重視しています。全員で、ただ勝手に描くのではなく、最小限に行動をコントロールすることが必要です。

＊一人ひとりのドローイングは、色も形も自由ですが、短時間で線描するというプランです。描く大きさは、それぞれの意志で選べるし、単純な象徴的表現しか要求しないので、広い布を目前にしてもリラックスして描画を楽しめます。

ワークショップの企画から実現まで

ワークショップでは、たまたまその日そこに集まった人々の共同による行為が、どんな結果となるか事前に確定できません。しかしその行為の結果は、支援者として存在する企画者自身の美術のコンセプト（概念）とその枠組みの広さを問われる課題でもあります。

『ピュアランドの夏祭り』（インスタレーション＋ワークショップ）の企画者（守屋＋小串）は、ワークショップの内容を議論しました。共通点も相違点もあります。企画者二人が一致しているのは、流動的に臨機応変に変化に対応していこうということです。

ワークショップのテーマ

＊インスタレーションと、そこに組み込まれる描画

大自然の豊かさと緑が溢れる場所に、いきいきと楽しく、喜びに満ちた夢の祝祭空間を出現させたい。すべての参加者が植物や空気、風を感じ、「自分でもできる」とやる気になれること、人がそのままの自然体で行為できる場所を作り出したい。

＊手本のない表現

これに挑む姿勢を求めたい、体験してほしい。今を生きる人々にもっと必要なものではないかと思います。

＊万人のためのアート

みんなの力でアートが生まれる。それを可能にするための装置とチャンスを作ること。みんなの行動がダイナミズムを生み出すような表現活動ができること。それが企画者の願いであり、ねらいなのです。

『ピュアランドの夏祭り』オープニングまでの事前制作

＊大宮つぼみ保育園、もとの木保育園（さいたま市）2005年10月〜2006年6月
- 足踏み版画と布コラージュによる制作
- ドローイング

＊武蔵野美術大学造形教育研究会アトリエちびくろ（東京）2004年6月
- 足踏み版画

＊こどもの城造形スタジオ（東京）2006年3月
- 足踏み版画

＊十日町小学校4年生（新潟）2006年5月
- 足踏み版画

以上の四箇所での特別造形教室では、インスタレーション中央部に張り巡らされる予定の布に、版と布コラージュの手法で図柄を作りました。（企画・指導は小串。アシスタントは小笠原・関。）

＊朋優学院高等学校（東京）2006年7月

広場の鉄塔にかける垂れ幕と、山道に立てる旗、ピュアランド周辺に飾る帆布のアクションペインティングを制作しました。（企画・指導は守屋）

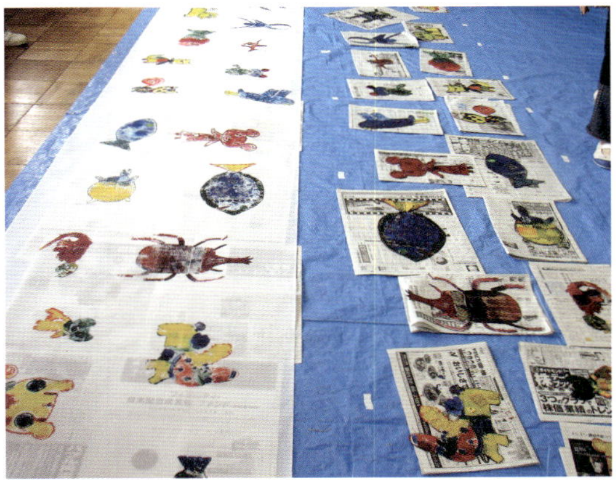

V アートを発信する

ワークショップへの参加の呼びかけ

『ピュアランドの夏祭り』のワークショップ会場には、以上のような企画と経過について、その概要を事前制作の写真説明とともに掲示しました。そして、次の文面で参加者に呼びかけました。

ピュアランドのワークショップで、
アート体験を共有してみませんか。
インスタレーションの木組みに近づき、
入り込んで、
布の林の中を歩き回ってみてください。
アーティストが構成し、
子ども達や多くの人々が描いた形から
ほとばしる、
活力と華麗な色彩が結集した、
布のゆらぎの空間、風の通り道に、
命の息吹を感じてください。
何もなかった緑のピュアランドに表れた
みんなのアート。
風雨と真夏の太陽によって、当初の作品は
どのように変化し、劣化するか、
未知な面もありますが、
期間中のワークショップによって、
インスタレーションも、布の描画も、
次第に変容していくプランとして
楽しんでください。

現地でのワークショップ参加者のために用意した方法

1. 一人ひとりのドローイング
オープニングのワークショップ2と同様

2. 布コラージュ
布コラージュを自由に作って、小型の木組みに張られた布に貼ります。
＊あらかじめアクリル絵の具を塗って用意した色布を切って形を作り、絵の具や端切れなどでコラージュします。

3. その他の飾り「小枝のオブジェ（吊るすもの）」
小枝を組んだり曲げたりして、さまざまな色・柄の毛糸や布ひもを使って、思いつくままに、絡げたり、巻いたり、縛ったりする構成（制作方法はpp.57-59参照）です。これを小型の木組みに吊るします。

V アートを発信する

＊1.5m 程度のさまざまな布ひもや毛糸をテントの中に吊るして用意し、好きなものを選んで作ります。直接小型の木組みの枝の部分に絡めたり、巻きつけたりしてもよいでしょう。

＊小枝やひもなどの素材は、どのように扱ってもなんらかの構成になります。描かなくとも、1本のひもを持てばインスタレーションに誰でも参加できます。

『ピュアランドの夏祭り』広場の変容

芸術祭オープニングの前日、インスタレーションの中央部にある、金属製の花や踊り子のオブジェ（守屋行彬）から放射状に、大型の櫓がすでに8台置かれていました。大型の櫓には、事前に各地で制作した布絵を張り巡らせました。

さらに3本柱を組んだ低い木組みを設置して布を張り、オープニング当日のワークショップでは、手の届く木組みの布面に直接描きました。木組みは、連日の参加者によるドローイングでいっぱいになり、低い木組みを次々に加えました。それぞれに布地をピンと張り、50日の期間中に、緑の草原に色彩の帯が次第に広がっていきました。それでも木組みは足らなくなり、さらに丸太3本の三角形の小型木組みを加え、日々の参加者の布コラージュを貼りつけました。

中には布を張らない木組みだけのものもあり、そこには、広場の林に放置されていた大きめの雑木の太枝を組み込みました。その空間には小枝のオブジェを吊るすことができました。小型の三角木組みには、小枝つきのままの自然木を組み込みました。

このように、当初想定していた規模を超えて、『ピュアランドの夏祭り』の広場に木組み櫓のインスタレーションが広がっていきました。

企画者とスタッフは、ワークショップの構想と枠組みの中で、その場その場で臨機応変に素材や表現方法を考え、アイデアを実践し、日々の変容を楽しむことが大切です。

5歳女児の作品

30代男性の作品

90代女性の作品

親子の共作

ワークショップ〈里山の風になって〉を終えて

目的

多くの、さまざまな年代の人々が参加した50日間のワークショップの構想は、明るさと喜びに満ちた空間を里山の緑豊かな大地に創り出すことでした。具体的には、広場の植物や生きもの、空気、風の中で、人々がごく自然に、「自分もできる」とやる気が生まれるような雰囲気にしたいと考えました。

工夫

そのために、幼児や小学生たちの愛らしくも意志のはっきりした形や色の表現は、とても効果がありました。稚拙でも、単純な線描であってもよい、夢や遊びのある新鮮な表現を求めた企画の意図が伝わったと思います。

単純にパターン化された模様の布ではなく、空間が動きを演出するような布絵になるように。色のある形を詰め込まないように。それらがインスタレーションによって生きてくるように配置しました。

結果

子どもたちも、参加者も、みなが自然体で楽しく表現できるように、ありのままの自分を出せるように。これらの願いはかなり達成できました。

参加者全員が、幼児や小学生の表現とは気づ

かなかったと言いました。広場の中央に数本の花が外側にカーブを描いて立てられ、その周りに円形に設置された虹色の踊り子のオブジェとワークショップとの一体感、インスタレーション全体の構想によって、里山の広場は祝祭的な雰囲気となり、子どもたちを中心に参加者全員の表現が集結し、結果として合計200ｍの布を使った大きなインスタレーションとなりました。

ワークショップに参加した人たちの感想

参加者は2歳から90歳代までの多岐にわたりました。

インスタレーションの布絵に参加した喜びについて、「ここに来てよかった。自分のイメージを描くことができたのは新鮮だった」と熱中する若い会社員や年配の人たちがいました。

90代の女性は子どもの時以来はじめて絵筆を持ちました。黄色の染め布を使い、羽を広げた蝶を作り、鮮やかなピンクや緑の線を中心から外に向かって勢いよく引き、一緒に参加した家族の方以上に生命力のある色と形になりました。本人が一番驚いたようです。さまざまな可能性を想定して造形の材料や用具を用意し、少しの助言や励ましがあれば誰でも自分の造形を創り出せることを、はじめて会った人々の表現を支援することで実感しました。

電車を作っているという技術者は、「自分の日常の仕事から離れて、まったく別の刺激を受けたくて大地の芸術祭を見に来た。ここに来てよかった」と言いました。自ら表現する機会に出会えたことが、想像以上に大切なことだったようです。

自ら表現する機会に出会うこと。そのためにこそアートの体験は必要であり、その機会に恵まれる場としてワークショップを企画したわけですが、当初の願いは十分に実現できました。

20代女性の作品

CONCLUSION

ワークショップを振り返って

＊子どものアートは、日常の常識から離れた、感覚に導かれてすべてを決め判断するイメージの世界であり、それゆえに観る人や芸術家を魅了し、心に響くのだと思いました。

＊アーティストとのコラボレーションとなった展示に際して、子どもたちの年齢や学年などは掲示していません。ワークショップの変容は企画者やスタッフ、そして参加者とのコラボレーションによるものです。

＊アートを観るだけでなく、制作にも「参加」できるならば、アートの意味はより深く広く理解され、社会生活の中で必要なものとなるでしょう。トリエンナーレに「自分も参加できた」という特別な体験は、人々の心を勇気づけ、心に残るものとなりました。

Ⅵ 子どもの表現からアートへ

子どもの表現のはじまり
子どもの表現からアートへ

ZEBRA
もとの木

子どもの表現のはじまり

もとの木保育園の線描画
―なぐり描きから図式画まで―

幼児期の子どもの描画行動と、その痕跡としてのスクリブル（なぐり描き）や図式画には、子どもの動作性の能力、知覚や感情・モチベーションなどの状態が反映されます。

1歳過ぎの、生まれてはじめての描画行動から、月齢を経て、過渡期（2〜3歳）へと変容していくスクリブル期の描画、さらに3歳から6歳（〜学齢）くらいまでの図式画に至る個々の子どもの描画には、その発達過程による単純化、明細化、統合化がみられます。

子どもに「人を描くように」と指示した場合、写生でなくひとつの象徴を描くように求めることになります。その時、ある発達段階の、その時点での、その子どもの図式（パターン）が描かれます。そのため、子どもの人物画による発達検査［グッドイナフ人物画知能検査（DAMテスト）］（1926年出版。日本語版は小林・小野改訂版）も行われてきました。ただし芸術的創造性を測定するには適していません。1949年にはマッコーバーによる性格テスト（DAP）が公表され、パーソナリティを観る面からも、発達心理学で研究されました。

しかし実際の子どもの描画は、これから紹介するもとの木保育園児の事例を見てもわかるように、ある発達期の共通性はあっても、一人ひとりの発達は一様ではなく、生活年齢に応じて相関的に描画の発達を決めることはできません。しかも、それぞれの個別性をもって、さまざまに独自の試みがなされているのがわかり、しばしば前の段階の図式も含まれます。そして描くことによって、目の前に現れてくる線や図形に触発され、さらに新しい形や描き方を発見して描いていきます。

繰り返し描き続けることによって、子どもの描画は確実に一歩一歩発達していくという事実が、保育園児のなぐり描きから人物像までの描画の事例に示されています。描画の発達に対応して、言語表現など他のいろいろな精神的機能が発達します。

子どもの図式画には人物像が多く描かれます。簡単な図形に比べて、人物像は一見難しく複雑に思われますが、子どもは複雑か簡単かで描くものを決めるのではなく、興味のあるものや記憶されているものを描くので、もっとも身近な題材が描かれるのです。

図式画がひと通り描けるようになると、常に身近にあるいろいろな物の形を羅列し並べて描きますが、その段階から、やがて物や事柄の相互関係を表す絵を描くようになっていきます。

POINT!
ポイント

- スクリブルに始まる子どもの描画行動は、目と手の協応動作のように、運動と視覚を統合し、その筋肉運動を通して知覚の発達を促し、それによって認知能力（思考）も発達します。
- 子どもの描画は、自分の意志で課題に挑戦し、イメージを作り出し、そこに統一と秩序を生み出した努力の結果です。大人が干渉せず、自力で、自発的に描くことによって、子どもの描画は発達し、そこに、欲求も心情も表出して、一人ひとりの魅力的な絵が表れるのです。

さまざまな線描による1〜2歳児のスクリブル→完結した円へ→円描きの中に印つけ

ローダ・ケロッグ*によれば基本的スクリブルは、点・単縦線・単横線・ジグザグ線・ループ線など20種類。

1歳過ぎからの描画の発生から過渡期（2〜3歳）へと円描きがとくに多く出現し、それが繰り返され、意味が与えられることで何でも描けます。

*ローダ・ケロッグ『児童画の発達過程——なぐり描きからピクチュアへ』(黎明書房、1955)

1歳8カ月：用紙中央部に円周線を重ねて描き中央に集中しながらも左右にやや広がったスクリブル。交差点を伴う力強い線描ができている。

1歳1カ月：はじめてのスクリブル（マーキング）。
点打ちのようにして偶然にできた行為の痕跡。
1歳児の場合、右下空間から描かれ、左上部及び左1/4は使われていない。

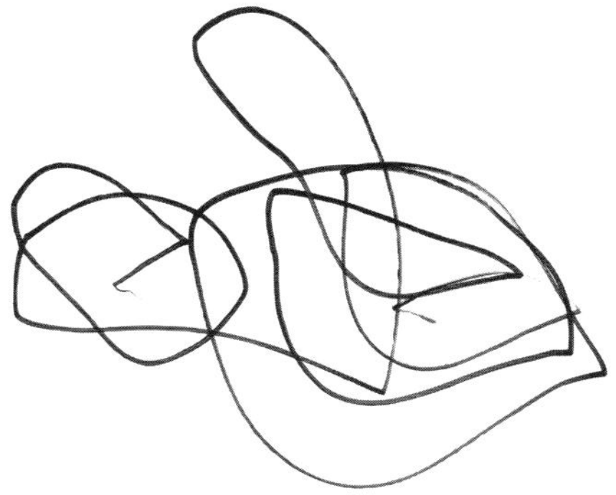

1歳9カ月：ひと筆描き状にカーブを描く線によって閉じられた空間が出現したスクリブル。線が交差し、大小の丸みのあるさまざまな形が偶然に生まれた。

1歳5カ月：点打ちの他いろいろな方向に手を動かすことで生まれる線の交差と重なり、強弱のある線描きスクリブル。用紙左上部に空間がある。

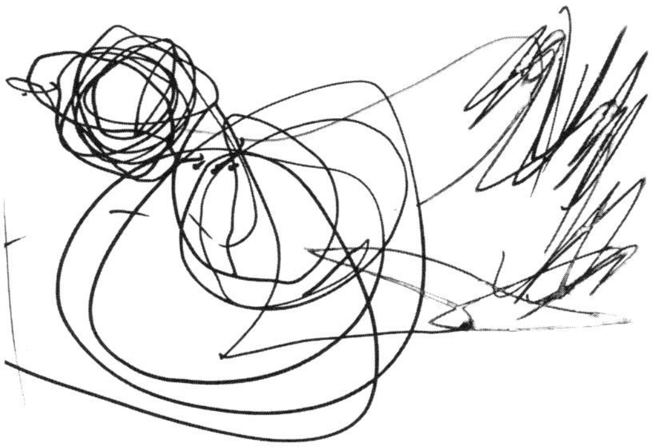

付加線のある円形スクリブル。交差点のある偶発的図式。

画面中央の円周線による集中スクリブルの右下に顔状の囲み線が描かれ、中にスクリブル、そこから右下斜めにはみ出す線描が加わり、人型のシンボルとなる。

円が完結してきた段階。目のようなマンダラ状の同心円(同心図形)が描かれる。

1歳11カ月(言語発達が高い女子)
閉じられない単線の小さな不完全な円描きが繰り返し画面全体に散らばり、偶然に閉じた形も表れる。
円描きの中と周りの空間に点打ちを行い、閉じない円の中にも小さな2本の付加線が描かれ、これによって閉じられた形が出現した。

渦巻き状や単交円、完結した円もある。その中に目らしいものが表れる。

同心図形のスクリブル多数。
渦巻き・複円周・単交円・重なり円・波線。

付加線や交差線のある円形のほか不完全な円が完結し、目があるものが表れる。

ぐるぐる描きのスクリブルが点在している中に、大きめの完結した円が描かれ、中に数多くの小さな円周線の描き込みが散りばめられる。やがて間もなく顔になる段階。

単純な線描で図式画の始まり

太陽人型から→手足のある人物像へ→手の位置が胴部につくようになるまで（2～3歳）。

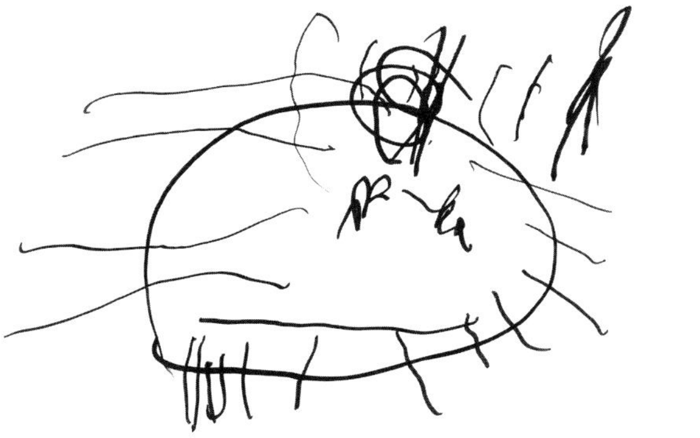

頭部から外へ放射状に線が描かれた太陽人型 。完結した円に、ループ描きの目、1本線の口。頭頂部に髪状のスクリブル。

太陽人型。

卵円形の人間。

頭部に、目・鼻・口らしい描き込み。髪状のジグザグ線が円からはみ出して描かれる。

頭部に目・口のような描き込みがあり、髪や手足、縦の複重線によって描かれた胴の印と見える複雑な線描のある図形。手足は頭部から出ている。

顔の囲み線から外に足の線が描かれるが、頭部と明確に繋がってない状態。頭部には目・鼻・口らしい形が確認できる。スクリブルから形への移行。

性別のないマンダラ風の人間。髪はジグザグ線で描く。顔から外へ、手足を1本線で描く。衣服の象徴となるボタンを描くが、胴部分は閉じられていない。クリアな線描。

卵円形の人間の中に、目・鼻・口・髪の他、手足に発展するような図形が描かれる。ほかに円形のデザイン。

頭部に目・鼻・口。頭部からはみ出すジグザグ線の髪。腕に輪郭線、足は1本線で描く。性別のない人間。顔の下に円状の囲み線のある図とない図とがあり、長い足が胴の代用をしている。

顔の下に胴と両サイドの手。足は1本線で描く。

頭部に目・鼻・口。髪は頭の輪郭からはみ出している。手足は1本線で描く。

バランスのとれた明確な線描へ（3〜5歳）

図式画の人物像は次第に輪郭線を持つ手足へと移行し、位置も胴につくように。衣服の象徴が描かれます（3〜5歳）。

放散型人間のマンダラふう。手足が広がっている。1本線の手足の先に指状の印、足先も丸く塗りつぶされた。

手は1本線が下向きに曲がり、指の象徴のジグザグ線。髪は顔の輪郭線内に描かれる。頭部にはっきりした目・眉・鼻、口には歯のような描き込みがある。脚部に輪郭線と足先を表す塗りつぶし、耳は頭部の外についている。

頭部・胴・足が完結した線で描かれ、それぞれの部分から外へ髪状の線が多く描かれる。全体として中心から外への太陽人型ふう。

頭部に髪・目・鼻・口、胴部に描き込み、手足は1本線で描く。

手・足・胴にはっきりした輪郭線を持つ。指を描くが、数は4本。性別のない人間。

顔に目・口、髪と耳は頭部の輪郭からはみ出している。四角の胴に衣服の象徴としてボタン。手は1本線に丸印。足に輪郭と横線の描き込み、足先に囲み線。手の位置は少し下がり胴部にある。

円形の頭部に目・鼻・口と耳状の形、髪は頭頂に線状に立つ。
足先のある囲み線による足、手には多くの指、衣服に印。

顔に黒丸の目と1本線の口。胴に衣服の模様。髪は頭頂に少しでも、両サイドに長く、手の位置は下がって囲み線で描く。

明確な図式画になる（4〜5歳・6歳）

明瞭な線描・衣服の象徴・髪の形（頭の輪郭線からはみ出す図もあります）・手の位置・肩の表現など、それぞれの工夫と発達が表れます。頸が表現され、衣服の全体（上下）もはっきり表れます。指の本数が次第に正確になっていくことがわかります。

　点打ちやわずかな線描から始まった子どもの描画行為は、イメージのあるシンボルとなり、次第に性別のある人物画が描けるようになります。

子どもの表現からアートへ

小串里子＋捧 公志朗
Satoko OGUSHI　Koshiro SASAGE

幼児期の描画が示す子どもの発達

捧　今回は、美術教育に関するいくつかのテーマについて対談したいと思います。

まず、121〜127頁で紹介された保育園児の線描画について、このような幼児期の描画から何を知ることができますか？

小串　「もとの木保育園の線描画」の図は、人物画テストとして描いてもらったものです。子どもの描画の始まりや、その発達の様子を確認できます。保育士や大人にとっては、この描画が現時点での子どもを理解するひとつの手がかりとなるでしょう。

これで、実際とかけ離れた発達レベルの題材を与えたり、一律のレベルを求めることはなくなると思います。

捧　子どもの描画について、もう少し詳しく教えてください。

小串　子どもの絵には、認知能力も心理面の状態も子ども全部が投影されます。それぞれの描き方があり、ひとつの表現を作り出します。

2歳から7〜8歳までの表象的思考の時期といわれる発達期にある子どもは、自分の意志で描くことによって、さまざまな表現上の困難をひとりで解決して乗り越えていくことのできる時期です。さまざまな試行をして描画法を発見していきます。

たとえば人をどのように描くか、犬を連れている状況をどう表すかなど、規則を自分で見つけ問題を解決します。その成果が子どもの表現となっているということです。描画は子ども自身の思考の反映であり、子どもが自分自身を知る機会にもなります。そのような場を十分に与えることで発達も高まります。

捧　描いたり作ったりという表現行為を繰り返して自分で学び、発達していくということですね。

小串　何も教えないの？と心配することはありません。教えるより重要なのは、子ども自身が作り出した世界がそこにあるということです。にもかかわらず、大人が指示したり、手本としてひとつのパターンを見せてしまうと、子どもは自分で考えずにすませてしまう。とくに幼い子どもには自ら作り出すということを重視しています。自分で問題を解決することを教育的に重視しています。

捧　問題解決とは？

小串　何をどう表現するか、子どもが自分で考えるということです。たとえば身体像を描く時、どこに何をどう描くか。これもひとつの問題です。

いろいろ悩んだり、描き加えたり、修正した線や、ときには、それ以前の発達段階の描き方が出てきます。それを見ると、人間は、一歩一歩成長の階段を上がるのだと思います。幼児期にある子どもはみんな、自分で問題を解決して着実に発達していく力を持っているということが、1歳過ぎから5～6歳になった子どもの描画（身体像）を見ればわかるでしょう。

捧　自分で発想し、そのイメージをどう表現すればいいか、自分なりに葛藤と発見を繰り返し前に進む。これが、この時期の子どもの発達ということですね。

小串　そういった経験を積み重ねていくことが大切です。

造形教室にどう関わるか

捧　小串先生は美術教師として草分け的存在で経験も豊富です。保育現場で、子どもの象徴的な表現に対して大人はどう受け止め、関わっていけばいいでしょう？

小串　子どもの独自性のある表現に出会うと、この時期の子どもにどんな題材を与えたらよいかと日々考えます。この本でも紹介したように、形式にとらわれないさまざまな表現活動を企画してきたわけですが、スタッフの小笠原さんと二人で目指したのは、できるだけ変化のある描画材や、それ以外のいろいろな材料や道具などを用いることです。さらに、手を使い、身体を動かして、動作性の知能を高める表現活動を行ってきました。

捧　具体的にはどんな工夫がありますか？

小串　子どもがワクワクしてやる気が出るような材料を用意したり、大画面に挑むこともあります。粘土も大量に用意し、思いきり集団遊びができます。二つの園の子どもたちが集う造形教室なので、いつもと違う仲間と一緒に活動するコミュニケーションの場にもなっています。

　そのようにさまざまな自発的な表現活動の機会があり、そこでオリジナルな表現が評価されることで、子どもたちは本当の自信を獲得できます。卒園して小学生になってからも、自分流の表現を褒められたことは忘れていないと聞きました。それは生きる力になると思います。

捧　保育園の造形活動で、大量の粘土や大きな画面を用意することは、子どもにとって、普段の視野の範囲を超えたシチュエ―ションを設定することになります。そのような活動の場を子どもた

ちが乗り越えることは、視知覚や身体機能の発達にもかなり大きな影響がありますね。

小串　子どもの言語、諸能力、機能の発達と、描画の発達は相関関係にあります。視知覚についても、幼い子どもは「空間関係、空間における位置関係」の知覚が未発達です。床面を広く使っての粘土による共同制作、さまざまな立体作品の制作、大きな画面の経験、さらに空間に吊るす構成など、いろんな身体の動きを必要とする造形活動は、立体的なものや広い空間を見る体験になります。視知覚は認知と関係があるので、そういった能動的な表現活動は子どもの発達にとても重要です。

　手を使い、身体の動きを伴い、しかも情動や感情を表出できるような、身体活動を含めての芸術表現全般（たとえば音もリズムも使う）は、何よりも自発的態度を育てます。そして、やる気が出るのです。

作品の展示
「みんなのアートワークショップ展」

捧　2009年の「みんなのアートワークショップ展」を見た際、小串先生の空間の捉え方が会場のインスタレーションに強く反映されていると感じました。あの時の展示の意図はどういうものでしたか？

小串　誰々の作った作品というより、会場空間全体でひとつのアートになっているという感覚、それを実現するためにいろいろ考えました。

　かねてよりわたしは〈枠のない表現教育〉を主張しています。個別性のある一つひとつの作品ですが、それらを完璧に枠を作って閉じ込めることはしません。

　よく見ると、布の切れ端がそのままになっていたり、はみ出していたり、壁に映った影と作品が一体になった表現として見えるように工夫したり。天井から床までが視覚的に繋がり、アクセントカラーや光のきらめきもある、全体としてはパステルカラーのアート空間を感じられるようにしました。床面に置かれたさまざまな作品・オブジェは、あえてバラバラに配置しました。それらを囲む木の端材も加工せずに用い、形も高さも不揃いです。

こうした工夫によって、中央部に立てた枝つき樹木を中心に、息づいているような優しい感じの円形の空間が演出できました。

捧　写真もたくさん撮られたようですね。

小串　ええ。しかし１枚の写真では展示全体の意味するものがわかりにくく、展示の全容や意図を写し取ることはできませんでした。写真ではよく見えないけれど空間に存在している作品がたくさんあり、その存在によって室内に配されたもの・作品全体が繋がるように構成しているのです。

捧　子どもの作品がとても生き生きしていますね。展示では、一つひとつの作品の状態を察知して、そのエネルギーが漂っているように、ごく自然に思えるように空間を構成されていたと思います。

小串　作品が生々しく生きている感じをそのまま提示したいと思いました。それは大人の作品にも言えることですが。

子どもの作品は呼吸しているようです。たとえば天井から吊るした絵は、べったりと厚塗りしていません。軽やかさを生かしたいと思い、天井空間に吊るす方法で設置しました。子どもの進行形の表現の、定着したある時点のものを展示しているというアプローチです。

捧　作品の一つひとつがとても個性的です。

小串　子どもが「できた」と言った時に、まだ空白があっても、それが納得できるものかどうかの判断で、教える人の力量が問われると思っています。また、子どものやる気が出るような題材であれば、少し困難な技術を要する材料や道具にも挑んで制作しています。それらも技術はしっかり教えていますが、かなり自由に作っています。だから展示した作品に同じ形のものがないのです。そ

れで生き生きした展示になったのでしょう。

捧　日頃の造形活動の展示は企画者のコンセプトを反映する場だと思います。この展示に保育士さんが関わって、あらためて子どもの表現に触れる機会はとてもいい刺激になったでしょうね。

小串　保育士さんには、展示の手伝いのほか、会期中に全員交代で会場当番をしてもらいました。感覚的に共感してもらえたと思います。

普段から造形教室への引率と教室のお手伝いをしてもらっています。これでいいのだと思ってもらえたのではないでしょうか。それは日常の保育での「お絵描き」の時間にも多少影響していると感じます。

保育士さんにとっても、子どもと同じ体験をすることは大切です。子どもたちの表現力のすばらしさがよくわかります。

捧　保育士さんだけでなく、大人が子どもの表現に触れること自体いい刺激になると思います。

小串　展覧会に来た一般の人たちもわかってくれたと思いますね。展覧会を見て楽しめるのは、素直でわかりやすい作品だからかもしれませんが、それはとても大切なことです。生き生きした楽しい作品を生で感じられること、それを見てわたしもできるかなと思ってもらえる、そういう思いが越後妻有でのワークショップへの、動機のひとつでした。

越後妻有アートトリエンナーレのワークショップ〈里山の風になって〉

捧　越後妻有でのワークショップは、ただ作品を見るだけではなく、実際に先生のプログラムに参加をして、子どもと大人が共同制作という形でいろいろと刺激し合える「場」でした。

小串　そうです。あのワークショップは〈枠のない表現教育〉のアプローチのひとつです。現代に生きている人たちのために、アートで何ができるかを考えました。それは広い意味での美術教育と同じで、参加したすべての人が自分の世界を創り出すことができるように、これが自分の表現と言える体験になるよう企画しました。

捧　〈枠のない表現教育〉について、少し説明を。

小串　美術は基礎から学ばなければ、とよく言われます。描画の写実的技法を基礎として教えるのもそのひとつですが、なかなか「自分の表現ができた」というところまでは行きつかないし、とても遠回りですよね。しかし、一般的にも、アーティストにとっても、美術の領域は今、無限なのです。美術教育での領域の考え方も広くなりました。現代では〈表現〉という言い方をします。わたしたちの指導では、美術の領域についても、課題の展開や材料についても、絵を描かなくてもアートはできるというくらい、できるだけ自由に考えています。

捧　具体的にはどんな実践ですか？

小串　どうすれば充実したアート体験が可能になるか。大人の作品と子どもの作品を対等に並べても自然に見える方法を考えて、コラボレーションが自然にできるようにワークショップの内容を決めました。広い空間でアート体験をして、それを共有できることは、人々にとって貴重な体験になると思いました。

捧　多くの人が参加するワークショップで、充実したアート体験を実現することは簡単ではありませんね。

小串　企画を実行する時は、自信を持って、臨機応変に活動をコントロールするのです。何でもアートにしてしまおうということで、材料が足りなくなると、周辺の山に落ちている木の枝なども拾ってきてインスタレーションに組み込んでしまう。そのくらい自由に考えていないと、50日間に及ぶ未知の造形活動を支援することはできなかったでしょう。ワークショップの活動はその場その場で変貌していくからです。

捧　そうですね。それこそ進行形ですね。

小串　だからそれを支援できる人はアーティストでしょう。捧さんはアーティストだから、あなたの制作活動もそうでしょう？

捧　そうですね。とくにワークショップで最初に設定するコンセプトの部分と、それをどう進行するのかがとても重要だと思います。作業全体が多少変わって動いたとしても、コンセプトがずれなければ、活動そのものの持つ作品性は変わらないと思います。

小串　そう。このような活動をする時は高い要求は出しません。いろんな人が見に来て、50日間もワークショップをするような時は、特定の指示者なしでもできるようにしておかなければなりません。まったくルールがないとできませんし、コントロールは必要です。そして、臨機応変に対応でき、自由であること。そうでなければ大きな催しはできません。

捧　その自由さを知った上で、いろいろな人が参加できる仕組みをプログラムの中にきちんと入れておくことが大切ですね。越後妻有のワークショップは、そのことが本当によくわかる事例でした。

小串　あのようなワークショップをしてよかったと思ったのは、たとえどんな小さな形であっても、それを自分自身で生み出せたということに感動する人々に出会えたことです。今までしたことがないようなこと、それはどんな些細な表現でもいい。たとえ、それがどんなに素朴でも、些細に見える行為でも、生きる力になれるのだと感じました。いろいろな職業の方々が坂を登ってやってき

て、そこで小さなものを作った、これはひとつの発見なのですね。その過程を体験して、表現を通して、美術の本質を知ることができたのではないかと思いました。

捧　今まで体験したことのない人も気軽に参加できる。それには題材、課題の選び方も大切ですね。

小串　越後妻有での制作は、発達段階に関係なく、大人でも子どもでもできるものでした。技術を競うものでなければ、誰でもアート表現ができるということが証明されたと思います。頭の中で想像するだけでなく、自分で作って、インスタレーションの中に貼りつけたり、場所を選んで描いたり。身体を動かして現実に何かができるという体験の新鮮さは、行為しなければわからないでしょう。はじめから技術を求めない課題であることが非常に大事だと思います。

捧　大人が子どもに学ぶというか、同じ目線に立つ経験はとても貴重だと思います。そうした意味でも、ワークショップは非常にいいチャンスだと言えますね。

小串　子どもたちが生み出した表現には訴える力がありました。20世紀から、「こどもは芸術家」と言われてきましたが、それを過去の観点として否定はできないと思いました。作品に、子どもの年齢や学年、学校名などは記名していません。しかし、ワークショップを見に来た人々が、芸術の原点と言えるような、子どもの象徴的な表現やイメージ力のある表現を見て、これでいいのだと思い、リラックスして制作に参加できたこと。それは大人にも必要なアート体験だと思います。

捧　小串先生はよく「万人のためのアート」とおっしゃいます。

小串　ええ。わたしは常に「万人のためのアート」を目指してきました。それはワークショップにも表れていたと思います。技術を乗り越えた自分流のアート体験ができれば、それは広い意味でのセラピー効果となって、人々が気力を出せるようになるのではないか。現代の社会では、ワークショップのように、人と人が繋がって行為するような「場」が必要になってきている気がしませんか？

捧　そうですね。人々が集まり、自分がその一部としてその中にいるという共同体意識が今の社会では必要だと思います。孤独で自分を見失いがちな人々が多くなっている時代です。ワークショップのようなアート体験にもっと多くの人が出会えるようになるといいですね。

美術教育に望むもの

捧　先の越後妻有の話題でも美術教育の話が出ました。アートとは何か、美術教育との関連で話し合いたいと思います。たとえば、アート作品はどのようにして生まれるか。その指導についてどうお考えですか？

小串　子どもの成長とともに技法を高めていくだけでなく、もっと領域を広げ、枠を外して、子どもが自身のアートを追求できるような、そんな美術指導であってほしい。

捧　それは先生が行っておられるワークショップの実践でも強く感じます。

小串　美術の表現活動を通して、色や形の表現力はもちろん技術も向上します。しかし子どもが成長すれば、美術のコンセプトはあらゆる学問分野へと広がっていくでしょう。教える人も、狭い範囲の技術だけ知っていればいいというわけにはいかなくなります。本書で取り上げたのは学齢前の子どもたちの事例ですが、この年齢を越えると認知の発達はどんどん高くなります。知識、興味、技術がさまざまな分野に広がると、テーマや表現のコンセプトも広い視野から出てくるでしょう。小・中・高・大学と、アートを成立させる条件や技術の範囲が広がっても、生徒や学生が自らのコンセプトで何らかの表現を創り出せるような、包容力のある美術の教師が望まれますね。

捧　認知の発達が高まるにつれて、表現活動の自由度も教える範囲も広がるということですね。

小串　何を表現したいのかということを考えなければなりません。そんなふうに美術が発展していくといいですね。

アート作品とは何か

捧　最後にアート作品とは何なのかについてお話をしたいと思います。

小串　いつも頭のどこかで「アート」って何？と思い、企画を立て制作をします。アートは不確実で、進行形のようなものでしょう。わたしは捧さんの作品を見る時、いつもそれを感じます。完全に確定されていない、何か進行形の途中を見ているように。アートでははじめに結果がわからないところがあるでしょう。たとえば本箱を作るなら、どこが完成なのかわかります。しかし捧さんのアートは「完成」と別のところで作られている気がします。

先ほど、子どものアートは進行形だと言いましたが、大人の芸術も同じではありませんか。

捧　僕自身、インスタレーションをやりながら、いつも気にかかっていることは、時間と空間の問題です。ですから、一個の物（オブジェ）を作ったとしても、それで作品が完結しているのではなく、それがある場所に置かれた時に、周囲の三次元空間とどのような関係性が作られるのか、またどのような意味が出てくるのかに興味があります。たとえばギャラリーなどの白い空間に作品が置かれた場合においても、人がその中に入ると、当然、時間も空間も変わってくる。そういう意味では、作品が作る「間」というものは絶えず変化するものだと思います。

小串　それは不確実なものだということですね。やる前から結果はわからない、その曖昧さの中で創作するのが作家としての自信でしょう。それがないとアートは創れません。

捧　はい。越後妻有のワークショップの話をお聞きして共感したのは、コンセプトが重要だということです。活動の結果として、作ったものを展示空間に置く。しかしそれはひとつの手がかりであって、そこから有機的に動き始めるものがあります。作品というのは、その動いていくことも含めて、最初にコンセプトをどのように設定するかで決まっているわけです。極端に言ってしまうと、そこで作品は半分以上完成していると思います。

小串　室内でも自然の中でも、作品が手がかりとなって、その空間にアートが生まれるのですね。

ワークショップとアート──生きるためのアート

捧　繰り返すようですが、アートとしての場は、人や時間が加わることで絶えず状況が動き変化していくものです。ですから、この作品はここで完成とか、こうしなければだめだとなかなか言い切れない。そうした意味で、作品の進行形の状態が実はアートではないかと思っています。

小串　完成予想を追うのではなく、大切なのは、むしろ葛藤しながら試行していく過程がアートとなって表れてくるということですね。その場に即して、変貌したり、ひらめいたり、もちろん偶然もある。子どもの作品も大人の作品も、その過程の中で思わぬものが出てきます。それをうまく取り込めるかどうか。行為している人も、見ている指導者も、予想になかった突然の発現に気づき、一緒にそれを楽しんだり理解することができればいいと思います。さらに、その子どもに気づかせてあげられるのが指導力だと思います。それは、アーティスト的な指導でしょうか。

捧　そうですね。指導者やファシリテーターの立場を考えると、そうした制作現場が変化することや、表現は進行形であるということを十分に理解していないと、子どもたちに表現をさせることはなかなか難しいと思います。今日の先生のお話を伺いながら、あらためてそのことを確信しました。

小串　何かを表現するために手も身体も動かして

みましょう、と呼びかけることは、アートの始まりになると思います。見るだけでなく、自分もやってみる（行為してみる）ことで、自信も得られるでしょう。そのようなアート体験に人々を引き込むことは企画者としてとても楽しいことです。

捧　人間が生きるためのアートということですね。自分も含め、美術教育に携わる者はもっと現場の実践を大切にしながら、よりよく生きるための表現活動はどうすべきかという問題に直面して、それを解決していくことが大事なのだと思います。

捧 公志朗のワークショップ
「〈場所〉と〈時間〉に
出会う連続ワークショップ
アート・ピクニック」
（目黒区美術館／
オーネ・マノクロザス）

美術家。
こども教育宝仙大学助教
武蔵野美術大学造形学部
油絵学科卒業
筑波大学大学院芸術研究科
デザイン専攻総合造形分野修了

アート・ピクニック：
散歩を楽しむ器づくり
2006年
写真：岡川純子

アート・ピクニック：
緑の散歩、風の寄り道
2008年
写真：岡川純子

あとがき

本書Ⅰ～Ⅳ章（子どもの造形教室）では、大宮つぼみ保育園・もとの木保育園の造形教室での実作例を中心に、子どもたちの作品と指導の手順、指導者の考え方を紹介しました。創出力あふれる「みんなのアート」が出現するまでの経過を多くの写真で紹介し、できるだけ詳細に述べています。本書で紹介した題材は、さまざまな年齢、発達に合わせて応用できるものです。

Ⅴ章（アートを発信する）では、園児が造形教室で作った作品の展覧会「みんなのアートワークショップ展」での展示のあり方や考え方を、実例に則して詳細に説明しました。さらに、国際的な芸術祭（2006年の越後妻有アートトリエンナーレ）参加のインスタレーションの一部として、園児制作の「布絵」と、現地の野外ワークショップのための事前制作についても紹介しました。それによって、造形表現の可能性をより発展的に考える筆者の意図を提示することができました。

Ⅵ章の対談では、「子どもの表現からアートへ」というテーマで、造形表現のアイデアの基となる考えについて存分に話し合うことができました。捧公志朗さんは美術家であり、また大学で保育士を目指す学生の美術指導を担当されています。ワークショップにも実績があり、このうえない対談相手となりました。

本書ができるまで、多くの方に助けられお世話になりました。すべてのイラストはオガサワラマサコさんによるものです。オガサワラさんはわたしとともに造形教室を企画・指導するスタッフです。アシスタントには、繊細な色彩感覚と整理能力に優れた関政世さんが一時期参加しました。造形の課題も材料も、パターン化しないこと、常に多くの選択の可能性があるようにと考えている企画者にとって、指導スタッフが感覚的な理解力の高い人であることはとても大切です。

造形教室を全面的に支持し、協力してくださっている大宮つぼみ保育園・もとの木保育園園長の中嶋一雄先生、中嶋貴子先生はじめ、すべての職員、保育士のみなさん、陶芸用の窯・建物の寄贈など物心ともに応援してくださっている榎本もとさん、宮崎康子さんにも深く感謝とお礼を申し上げます。

本書の刊行は武蔵野美術大学出版局にお願いすることになりました。本書の意義と内容を深く理解し、刊行を引き受けてくださった武蔵野美術大学出版局の皆様にはあらためてお礼申し上げます。編集長の木村公子さん、編集担当の掛井育さん、ありがとう。造本とデザインは工藤強勝さんが引き受けてくれました。心強いかぎりでした。

最後に、毎回の造形教室で、熱中し素敵な造形を生み出して、大人にパワーをくれる子どもたち、保育園を巣立っていった子どもたちに、お礼を言いたいと思います。みなさんありがとう。

本書が、保育や教育の関係者だけでなく、広く、美術に関心のある方々のお役に立つことができれば幸いです。

小串里子

小串里子［おぐしさとこ］

1929年生まれ。知的障がい児のための
公立学校の美術教師としての草分け的存在。
自身も現代美術の創作活動を行ってきた。
現代日本美術展（1966）、シェル美術賞展（1967）、
ジャパンアートフェスティバル・マルセイユ・
ミュンヘン（1967）、第一回現代国際彫刻展
（箱根彫刻の森美術館、1969）などに出品。
万人のための美術展（こどもの城、1997）、野原で
ワークショップ（横須賀美術館予定地、2001）、
ワクのない表現展およびワークショップ
（愛知県児童総合センター、2001）、
みんなのアートワークショップ展〈大宮つぼみ・
もとの木保育園の造形展〉（さいたま市・
氷川の杜文化館、2009）を企画。
2006年には越後妻有アートトリエンナーレで
守屋行彬氏（インスタレーション担当）と出品。
各地の子どもたちや一般来場者が
参加するワークショップを行う。
著書に、『ワクのない表現教室（自己創出力の
美術教育）』（フィルムアート社、2000）、
『美術教育研究』『ワークショップ実践研究』
（共著・武蔵野美術大学出版局、2002）がある。
元武蔵野美術大学非常勤講師（美術教育法）。

オガサワラ マサコ［小笠原真子］

1972年生まれ。武蔵野美術大学卒。
1996年頃からクラフトフェアやギャラリーで、
陶を中心とした作品を発表。
また、さまざまな素材を使用した、
造形ワークショップを各地で開催中。
こどもワークショップ「たのしい町つくり」
（ちひろ美術館・東京、2009）、
未就学児ワークショップ「ねんどであそぼう」
（横須賀美術館、2010）。

大宮つぼみ保育園・もとの木保育園
造形教室企画・指導
小串里子
オガサワラ マサコ

イラスト オガサワラ マサコ

協力 捧 公志朗

大宮つぼみ保育園
もとの木保育園

みんなのアートワークショップ
子どもの造形からアートへ

2011年10月1日　初版第1刷発行
2015年12月15日　初版第2刷発行

著者　小串里子
発行者　小石新八
発行所　株式会社武蔵野美術大学出版局
〒180-8566　東京都武蔵野市吉祥寺東町3-3-7
電話 0422-23-0810（営業）
0422-22-8580（編集）
印刷・製本　図書印刷株式会社

定価はカバーに表記してあります
乱丁・落丁本はお取り替えいたします

ISBN978-4-86463-000-9 C3037 Printed in Japan